Das WG-Kochbuch

Für die deutsche Ausgabe:
Programmleitung Monika Schlitzer
Redaktionsleitung Anne Heinel
Projektbetreuung Jessica Kleppel
Herstellungsleitung Dorothee Whittaker
Herstellungskoordination Ksenia Lebedeva, Isabelle Stei
Herstellung Evely Xie

Übersetzung Katharina Lisson
Lektorat Margarethe Brunner

Titel der englischen Originalausgabe: MOB Kitchen

Der Originaltitel erschien 2018 in Großbritannien bei Pavilion, London.

Text © MOB Kitchen Ltd, 2018

ISBN 978-3-8310-3843-5

Druck und Bindung China

www.dorlingkindersley.de

Hinweis
Die Informationen und Ratschläge in diesem Buch sind von dem Autor und vom Verlag sorgfältig erwogen und geprüft, dennoch kann eine Garantie nicht übernommen werden.
Eine Haftung des Autors bzw. des Verlags und seiner Beauftragten für Personen-, Sach- und Vermögensschäden ist ausgeschlossen.

Das WG-Kochbuch

EINFÜHRUNG 6

EINFÜHRUNG

Hey, MOB! Willkommen zum ersten MOB-Kochbuch, vollgepackt mit üppigen und günstigen Rezepten für fantastisch schmeckende Gerichte aus den allerfrischesten Zutaten. Nachdem wir erstmal die von Studenten und jungen Berufstätigen so heiß ersehnte Online-Plattform geschaffen haben, bringen wir unsere Ideen nun in die reale Welt. Dieses Buch ist die ultimative, erschwingliche Kochbibel – ihr werdet sie lieben!

Essen war mir schon immer total wichtig. Ich denke morgens als Erstes an Essen und abends als Letztes, bevor ich schlafen gehe. Früher habe ich oft für meine Brüder und Eltern gekocht. Ich habe mit Freude frische Zutaten in eine Schüssel geworfen und daraus einen leckeren Salat kreiert. Ich habe mich an den verschiedensten Nudelsaucen oder dem Sonntagsbraten ausprobiert und dabei meine Lieblings-Songs von Van Morrison mitgeträllert.

Als ich mit meinen vier besten Uni-Kumpels zusammenzog, genoss ich es total, endlich in meiner eigenen Küche zu kochen. Leider musste ich schnell feststellen, dass die anderen meinen Enthusiasmus nicht teilten. Die Jungs, Paddy und Chester, ernährten sich fünf Abende in der Woche von Bacon-Sandwiches und Nudeln mit Pesto. Die übrige Zeit aßen sie Tütensuppen aus dem Laden um die Ecke. Das habe ich nicht kapiert. Ich habe echt nicht verstanden, warum die beiden sich nicht trauten, ein richtiges Essen zu kochen.

Es musste etwas geschehen. Ich wollte beweisen, dass man weder reich noch talentiert sein muss, um gesund und lecker zu kochen. Ich begann einen Blog zu schreiben mit Rezepten, mit denen man vier Leute für rund 10 Euro satt bekommt. In meinem letzten Jahr an der Uni filmte ich die Zubereitung von 20 Rezepten, um sie online zu teilen. Ich dachte mir den Namen *MOB Kitchen* aus und gründete im August 2016 den Videokanal.

Und was genau ist *MOB Kitchen*? Als ich zur Uni ging, haben junge Leute kaum gekocht. In unserer WG hieß es immer: »Ich hab' keinen Bock« oder »ist mir zu teuer«. In den sozialen Medien, in denen wir uns die ganze Zeit rumtrieben, gab es keine Videos, die zeigten, wie man einfach gesunde und leckere Mahlzeiten kocht und dass das sogar Spaß machen kann und nicht mal teuer sein muss! Wir brauchten ein Forum, das uns zeigte, wie wir günstig mit alltäglichen Zutaten für unsere Mitbewohner, Kollegen und Freunde unkomplizierte Gerichte kochen können. Ganz ohne Getue. Vor der *MOB Kitchen* gab es das nicht. Mit ehrlichen Preisen, ehrlichem Essen, ehrlichen Fehlern und ehrlicher Musik war *MOB Kitchen* die Antwort. *MOB Kitchen* ist eine Bewegung, die euch von Takeaway und Fertigessen wegführt, und zwar in die Küche. Tausende Studenten, junge Berufstätige und Familien kochen täglich mit den Rezepten, und darum ist es höchste Zeit für das erste *MOB-Kitchen*-Kochbuch.

Inwiefern ist das Buch anders? Erst einmal haben wir einen einzigartigen Ansatz zum Thema Kosten und Preise. Wir erwarten nur, dass ihr Salz, Pfeffer und Olivenöl im Haus habt. Als ich Student war, hat es mich echt genervt, wenn davon ausgegangen wurde, dass ich Vorräte habe. Tatsächlich lagen alte Stromrechnungen und schimmelige Äpfel im Küchenschrank. Die *MOB Kitchen* setzt nicht voraus, dass ihr eine Prise Kreuzkümmel hier und die perfekte Anzahl Lorbeerblätter dort habt. Die meisten kaufen täglich ein und planen nur ein bis zwei Mahlzeiten im Voraus. Für die Rezepte gehen wir davon aus, dass ihr die drei Basics im Haus habt. Sonst nichts. Also, ruft eure Freunde an, sucht euch ein Rezept aus und legt los!

Das Buch ist in sechs Kapitel aufgeteilt, beginnend mit BRUNCH voller ganz besonderer, frischer Leckereien fürs Frühstück. Ihr müsst euch nicht länger auf Rührei und Toast beschränken – die Rezepte sind echt der Wahnsinn. Das zweite Kapitel heißt FRESH und enthält Rezepte für einfache Salate, Suppen und ein paar supertolle Veggie-Schlemmergerichte. Es folgt SPEEDY. Für alle Gerichte hier braucht ihr höchstens eine halbe Stunde, man muss nicht besonders geübt sein – perfekte Rezepte fürs Mittagessen oder einen Snack am Abend. Als Nächstes kommt ONE POT. Während der Unizeit hat mich der Riesenabwasch nach einem großen Abendessen immer total genervt – darum braucht ihr für alle Rezepte in diesem Kapitel nur einen Topf, eine Pfanne oder ein Blech. Das fünfte Kapitel haben wir SPECIAL genannt. Die Gerichte sind etwas aufwendiger – perfekt für Besuch am Wochenende. Ladet eure Freunde ein und zeigt, was ihr könnt! Das letzte Kapitel mit dem Namen FAKEAWAY enthält Rezepte für Fastfood, von denen ihr immer gedacht habt, dass es die nur beim Takeaway um die Ecke gibt. Dabei kannst du sie selbst machen. Und zwar viel frischer, viel günstiger und tausendmal besser!

Nun zur Musik – für mich eine Hauptzutat beim Kochen. Ich liebe es, beim Kochen total laut Musik zu hören und mitzusingen. Als ich die ersten Videos produzierte, entschied ich mich gegen den Mainstream der Rezeptvideos mit dem langweiligen Gedudel. Ich fragte befreundete Musiker, ob ich ihre Tracks nutzen dürfte. Sie sagten zu, und es hat funktioniert. Die Videos wurden mit der Musik so viel cooler und sprachen die junge Zielgruppe echt an. Ich habe ein paar Playlists erstellt, die ihr beim Kochen meiner Rezepte abspielen könnt.

Dieses Buch ist der Höhepunkt der ständig wachsenden MOB-Bewegung. Wir sind der MOB. Wir sind die Studenten und die jungen Berufstätigen. Die Familien. Wir haben nicht viel Geld, wollen aber gute Sachen kochen. Wir wollen lecker essen. Wir wollen uns nicht sagen lassen, dass wir außer Spaghetti mit Pesto und Käse-Toast nichts hinbekommen. Wir wollen Restaurantqualität daheim genießen. *MOB Kitchen* ist die Antwort.

Liebe Grüße an den MOB, euer Ben

ERKLÄRUNG DER SYMBOLE

[★] MOB-Klassiker (eines der beliebtesten Rezepte vom Videokanal)
[V] Vegetarisch
[VG] Vegan

Wenn ihr einen der folgenden Spotify-Codes seht, könnt ihr ihn mit der Spotify-App scannen und die entsprechende Playlist beziehungsweise den Song hören.

Open | Search | Scan

1

BRUNCH

ZUTATEN

4 Süßkartoffeln
11 Eier
1 Handvoll gehackte Petersilie
1 Handvoll gehackte
Frühlingszwiebeln
1 TL getrocknete Chiliflocken
2 große Avocados
1 Handvoll gehackter
Schnittlauch
Saft von 1 Zitrone
Olivenöl
Salz und Pfeffer

**DAS WEICHE EI.
DIE CREMIGE GUACAMOLE.
DIE KNUSPRIGEN RÖSTI.
EINE HIMMLISCHE KOMBI.**

SUPERKNUSPRIGE SÜSSKARTOFFELRÖSTI MIT POCHIERTEN EIERN & GUACAMOLE [V] [★]

01 Den Backofen auf 180 °C Umluft (200 °C Ober-/Unterhitze) vorheizen.

02 Die Süßkartoffeln schälen und mit der Vierkantreibe grob raspeln. Die Raspel in eine Schüssel füllen. 3 Eier aufschlagen und dazugeben. Petersilie, Frühlingszwiebeln und Chiliflocken hinzufügen. Mit Salz, Pfeffer und Olivenöl würzen. Alle Zutaten gut vermischen.

03 Ein Backblech mit Backpapier auslegen. Acht Rösti formen und auf dem Blech verteilen. Sie sind ziemlich locker, aber das macht nichts. Ein bisschen zusammendrücken und dann ab in den Ofen (Mitte) damit. Die Rösti etwa 30 Minuten backen, bis sie fester und knusprig sind, nach 20 Minuten wenden.

04 Zeit für die Guacamole: Das Fruchtfleisch aus den Avocados löffeln und in einer Schüssel fein zerdrücken. Schnittlauch und Zitronensaft dazugeben. Mit Salz, Pfeffer und Olivenöl würzen und alles gut vermischen. Beiseitestellen.

05 Zeit für die Eier: Wasser in einem Topf aufkochen. Vorsichtig 2 Eier in zwei Gläser aufschlagen. Mit einer Gabel oder einem Schneebesen im Wasser einen kleinen Strudel erzeugen. Die Eier vorsichtig am Rand des Strudels hineingleiten lassen. Das Wasser faltet das Eiweiß über das Eigelb und formt die Eier zu einer hübschen Kugel.

06 Die Eier bei mittlerer Hitze 3 Minuten pochieren. Das Eiweiß vorsichtig mit einem Löffel anheben. Wenn es noch etwas weich ist, weitere 10 Sekunden garen. Ist es fest, die Eier herausheben. Die anderen 6 Eier genauso zubreiten. Mit zwei Töpfen gleichzeitig geht's schneller!

07 Zum Servieren eine ordentliche Portion Guacamole auf die Rösti löffeln und je 1 Ei draufsetzen. Jeder bekommt 2 Rösti und 2 Eier. Jede Portion mit Schnittlauch und getrockneten Chiliflocken bestreuen. Und jetzt reinhauen!

VEGANE SCHWARZE-BOHNEN-AVOCADO-BURRITOS [VG]

**FÜR 4 PERSONEN
30 MINUTEN**

Bree Tranter
Tuesday Fresh Cuts

ZUTATEN

300 g Naturreis
3 Avocados
2 Tomaten
1 Limette
3 Frühlingszwiebeln, gehackt
1 Handvoll gehacktes
Koriandergrün
300 g Tofu

01 Den Reis mit der doppelten Menge Wasser (600 ml) kochen, bis er das ganze Wasser aufgenommen hat.

02 Inzwischen ist die Guacamole dran. Das Fruchtfleisch aus den Avocados löffeln und in eine Schüssel geben. Die Tomaten fein hacken und dazugeben. Die Limette auspressen und den Saft mit den Frühlingszwiebeln und dem Koriandergrün hinzufügen. Mit Salz und Pfeffer würzen und gut vermischen. Zugedeckt beiseitestellen.

03 Zeit fürs »Rührei«: Den Tofu in eine Schüssel bröckeln. Den Knoblauch schälen und dazureiben. Die Sojasauce dazugeben. Kräftig mit Pfeffer würzen. Einen Topf auf die heiße

1½ Knoblauchzehen
2½ EL Sojasauce
1 Dose Schwarze Bohnen
(400 g)
8 Tortillawraps
Salz und Pfeffer

Herdplatte stellen. Den Tofu hineingeben und 4–5 Minuten braten, bis er anfängt, anzusetzen. Dann von der Herdplatte nehmen.

04 Den fertig gegarten Reis abgießen und die Bohnen dazugeben. Locker miteinander vermischen.

05 Die Tortillawraps nacheinander auf die Arbeitsfläche legen und mit jeweils der gleichen Menge Reis, Tofu und Guacamole füllen. Die Wraps aufrollen und mit der Naht nach unten in eine heiße Bratpfanne legen. Auf jeder Seite 4–5 Minuten garen, bis sie goldbraun und geröstet sind. Die Füllung sollte für insgesamt 8 Wraps reichen. Die Wraps in der Mitte durchschneiden und losfuttern.

EIN TOLLES GERICHT FÜR EINEN BRUNCH AM WOCHENENDE. ABER AUCH EASY VORZUBEREITEN FÜR UNTER DER WOCHE. SUPERGESUND UND SUPERVEGAN. EINFACH ZUM REINBEISSEN!

CHORIZO-SHAKSHUKA

**FÜR 4 PERSONEN
40 MINUTEN**

Fela Kuti
Zombie

ZUTATEN

1 Zwiebel
2 Knoblauchzehen
1 rote Chilischote
2 Paprikaschoten
250 g Chorizo (im Ring)
800 g stückige Tomaten
(aus der Dose)
8 Eier
200 g Feta
2 EL gehackte Petersilie

DIESES REZEPT WIRD EURE VORSTELLUNGEN VON FRÜHSTÜCK FÜR IMMER VERÄNDERN. DIE HERRLICH WÜRZIGE TOMATENSAUCE UND DIE KNUSPRIGE CHORIZO VERDIENEN DIE HÖCHSTE PUNKTZAHL!

WER KEINE GROSSE BRATPFANNE HAT, KANN AUCH MIT ZWEI OFENFESTEN PFANNEN ARBEITEN ODER SPÄTER ALLES IN EINE AUFLAUFFORM GEBEN.

01 Den Backofen auf 180 °C Umluft (200 °C Ober-/Unterhitze) vorheizen.

02 Zwiebel und Knoblauch schälen und fein hacken. Die Chilischote längs halbieren, entkernen und fein hacken. Die Paprika entkernen und in Streifen schneiden, den Chorizoring längs durchschneiden und in Scheiben schneiden.

03 Die Chorizoscheiben in eine große ofenfeste Bratpfanne geben und knusprig braten. Das Gemüse hinzufügen und 5–6 Minuten braten, bis es etwas weicher geworden ist. Die stückigen Tomaten dazugeben. Die Dose mit Wasser füllen und dieses ebenfalls dazugießen. Einmal umrühren, dann alles vor sich hinköcheln lassen. Die Sauce soll dickflüssig sein, also etwa um die Hälfte einkochen.

04 Die Sauce vom Herd nehmen und die Oberfläche glatt streichen. Acht Mulden in die Oberfläche drücken und die Eier vorsichtig hineingleiten lassen, die Eigelbe sollen ganz bleiben. Die Temperatur auf mittlere Hitze stellen, den Deckel auflegen und alles 5 Minuten kochen lassen. Dann die Pfanne etwa 10 Minuten in den heißen Ofen (Mitte) stellen, bis die Eier durchgegart sind.

05 Die Pfanne aus dem Ofen nehmen und den Feta über die fertige Shakshuka bröckeln. Mit der gehackten Petersilie bestreuen und reinhauen!

DIE VIER ULTIMATIVEN PFANNKUCHEN

**ERGIBT 8 STÜCK
30 MINUTEN**

Boogie Belgique
Volta

DIESE DÜNNEN PFANN-
KUCHEN SIND PERFEKT FÜR
FRÜHSTÜCK, MITTAG- ODER
ABENDESSEN. STARTET DIE
PRODUKTION EURER LIEB-
LINGSFÜLLUNG, UND DANN
GEHT ES GEMEINSAM ANS
AUFROLLEN. MEIN FAVORIT
SIND DIE PILZE!

PILZ-RICOTTA-THYMIAN-ZITRONEN-PFANNKUCHEN [V]

ZUTATEN

500 g braune Champignons
1 Knoblauchzehe
3 TL Thymianblätter
abgeriebene Schale von
1 Bio-Zitrone
100 g Mehl
2 große Eier
200 ml Milch
Ricotta
Olivenöl
Salz und Pfeffer

01 Pilze säubern, Knoblauch schälen und beides in feine Scheiben schneiden. Mit 1 Schuss Olivenöl in eine Bratpfanne werfen und die Pilze etwa 10 Minuten dünsten, bis die ausgetretene Flüssigkeit verkocht ist und sie anfangen zu bräunen. Das dauert etwa 10 Minuten, hier ist Geduld gefragt. Zuerst sehen sie wässrig aus, aber die Flüssigkeit verkocht.

02 Nach der Hälfte der Garzeit der Pilze die Thymianblätter dazugeben (ein paar Blätter zum Garnieren beiseitelegen).

03 Wenn die Pilze fertig sind, die Hälfte der Zitronenschale dazugeben. Beiseitestellen.

04 Nun zum Teig: Mehl, Eier, Milch und 100 ml kaltes Wasser in eine Schüssel geben. Alle Zutaten verrühren, bis es keine Mehlklümpchen mehr gibt.

05 1 TL Olivenöl in einer beschichteten Pfanne bei mittlerer Temperatur erhitzen. Wenn das Öl heiß ist, etwas Teig hineingeben, er sollte den Boden der Pfanne dünn bedecken.

06 Den Teig 1–2 Minuten auf jeder Seite backen, bis beide Seiten leicht gebräunt sind. Ein paar Pilze darauflöffeln, dann ein paar Kleckse Ricotta, einige Thymianblätter, etwas Zitronenschale sowie Salz und Pfeffer daraufgeben. Restlichen Teig genauso verarbeiten. Und das war's!

PARMA-GUACAMOLE-SCHNITTLAUCH-PFANNKUCHEN

ZUTATEN

3 große Avocados
Saft von 1 Zitrone
1 Handvoll gehackter
Schnittlauch
100 g Mehl
2 große Eier
200 ml Milch
8 Scheiben Parmaschinken
Olivenöl
Salz und Pfeffer

01 Zuerst die Guacamole zubereiten. Das Fruchtfleisch aus den Avocados löffeln und in eine Schüssel geben. Fast den ganzen Zitronensaft sowie etwas Salz, Pfeffer und Olivenöl dazugeben. Die Hälfte des Schnittlauchs hinzufügen und alles zerdrücken.

02 Den Teig zubereiten, wie im Rezept oben beschrieben. 1 kleine Handvoll gehackten Schnittlauch dazugeben (etwas Schnittlauch zum Garnieren beiseitelegen).

03 Ein paar TL Olivenöl in einer beschichteten Pfanne bei mittlerer Temperatur erhitzen. Wenn das Öl heiß ist, etwas Teig hineingeben, er sollte den Boden der Pfanne dünn bedecken.

04 Den Teig 1–2 Minuten auf jeder Seite backen, bis beide Seiten leicht gebräunt sind. Etwas Guacamole darauflöffeln und mit 1 Scheibe Parmaschinken belegen. Mit Zitronensaft beträufeln und mit Schnittlauch bestreuen. Auf diese Weise nach und nach sieben weitere Pfannkuchen zubereiten. Fertig!

ASIATISCHE SÜSSKARTOFFEL-PFANNKUCHEN [V]

ZUTATEN

3 Süßkartoffeln
1 Handvoll Koriandergrün
6 EL Sojasauce, plus etwas
mehr zum Beträufeln
400 g Spinat
100 g Mehl
2 große Eier
200 ml Milch
1 rote Chilischote, fein gehackt
5 Frühlingszwiebeln,
fein gehackt
1 Stück Ingwer (5 cm)
Zitronensaft
Olivenöl
Salz und Pfeffer

01 Den Backofen auf 180 °C Umluft (200 °C Ober-/Unterhitze) vorheizen. Die Süßkartoffeln auf ein Backblech legen, mit Salz, Pfeffer und Olivenöl bedecken und 50 Minuten backen.

02 Das Süßkartoffelfleisch aus der Schale lösen und in eine Schüssel geben. Das Koriandergrün hacken und dazugeben (ein wenig zum Garnieren beiseitelegen). Beides mischen und zerdrücken, dann 3 EL Sojasauce dazugeben. Beiseitestellen.

03 Den Spinat mit etwas Salz und Pfeffer in einer Bratpfanne bei mittlerer Hitze unter Rühren 1–2 Minuten zusammenfallen lassen. Beiseitestellen.

04 Den Teig zubereiten, wie im Rezept links beschrieben. Dann 3 EL Sojasauce, die fein gehackte Chilischote und die fein gehackten Frühlingszwiebeln (ein wenig zum Garnieren beiseitelegen) dazugeben. Den Ingwer dazureiben.

05 Ein paar TL Olivenöl in einer beschichteten Pfanne bei mittlerer Temperatur erhitzen. Wenn das Öl heiß ist, die erste Portion Teig hineingeben, er sollte den Boden der Pfanne dünn bedecken. Den Teig 1–2 Minuten auf jeder Seite backen, bis beide Seiten leicht gebräunt sind.

06 Etwas Süßkartoffelpüree darauflöffeln. Mit etwas Spinat, übrigem Koriander und Frühlingszwiebeln toppen und mit ein paar Tropfen Sojasauce und Zitronensaft beträufeln. Auf diese Weise nach und nach sieben weitere Pfannkuchen zubereiten. Aufrollen, reinbeißen und genießen!

LAUCH-RÄUCHERSPECK-PFANNKUCHEN

ZUTATEN

8 Lauchstangen
300 g geräucherter, durch-
wachsener Bacon
100 g Mehl
2 große Eier
200 ml Milch
Olivenöl

01 Den Lauch fein schneiden. Mit 1 großen Schuss Olivenöl in eine große Bratpfanne geben und bei mittlerer bis kleiner Hitze weich dünsten. Wenn der Lauch am Pfannenboden ansetzt, ein paar Spritzer Wasser dazugeben. Nach 12–15 Minuten sollte der Lauch weich sein. Beiseitestellen.

02 Inzwischen den Bacon knusprig braten. Wenn er knusprig ist, abkühlen lassen und in mundgerechte Stücke schneiden.

03 Den Teig zubereiten, wie im Rezept links oben beschrieben.

04 Ein paar TL Olivenöl in einer beschichteten Pfanne bei mittlerer Temperatur erhitzen. Wenn das Öl heiß ist, die erste Portion Teig hineingeben, er sollte den Boden der Pfanne dünn bedecken.

05 Den Teig 1–2 Minuten auf jeder Seite backen, bis beide Seiten leicht gebräunt sind. Dann eine Portion Lauch und 1 kleine Handvoll knusprigen Bacon darauflöffeln. Auf diese Weise nach und nach sieben weitere Pfannkuchen zubereiten und servieren. Einfacher geht's nicht!

CAPONATA FRITTATA [V]

ZUTATEN

1 rote Zwiebel
2 Auberginen
100 g Pinienkerne
250 g Kirschtomaten
1 Handvoll Petersilie
2 EL grüne Oliven (ohne Stein)
1 EL Kapern
3 EL Rotweinessig
8 Eier
Salz und Pfeffer

MAL WAS GEMÜSIG-FRISCHES ZUM FRÜH-STÜCK. DIE SÄUERLICHE WÜRZE DER CAPONATA IST EINFACH GENIAL. SCHMECKT AUCH KALT UMWERFEND GUT.

---

01 Den Backofen auf 180 °C Umluft (200 °C Ober-/Unterhitze) vorheizen.

02 Die Zwiebel schälen und fein hacken. Die Auberginen in kleine Würfel schneiden, in eine breite, ofenfeste Bratpfanne geben und braun anbraten.

03 Inzwischen die Pinienkerne in einer kleinen Pfanne anrösten.

04 Wenn die Auberginenwürfel braun sind, Zwiebel und Kirschtomaten dazugeben. Die Petersilienstiele hacken und dazugeben (die Blätter extra hacken und beiseitelegen).

05 Die Oliven in Scheiben schneiden. Sobald Tomaten und Zwiebeln weich sind, Oliven und Kapern dazugeben. Den Rotweinessig hinzufügen und alles bei starker Hitze kochen, bis der Essig verkocht ist.

06 Die gerösteten Pinienkerne und die gehackten Petersilienblätter dazugeben (ein paar Blätter zum Servieren beiseitelegen). Beides gut unter die Caponata rühren.

07 Die Eier in einer Schüssel verquirlen. Mit Pfeffer würzen.

08 Die Eier zur Caponata gießen und gleichmäßig auf dem Gemüse verteilen. Bei mittlerer Hitze 5 Minuten braten, dann 5 Minuten in den heißen Ofen (Mitte) stellen, bis die Eier gestockt sind.

09 Das Gericht mit den beiseitegelegten Petersilienblättern bestreuen, mit Salz und Pfeffer würzen und einfach nur schmecken lassen. Das ist der beste Frühstückshappen, den ihr je verspeisen werdet!

ZUTATEN

1 Glas Hummus (150 g)
1 Zitrone
400 g Halloumi
1 Knoblauchzehe
1 rote Chilischote
1 Stück Ingwer (5 cm)
200 g Grünkohl
8 Eier
1 Ciabatta
Olivenöl
Salz und Pfeffer

DER ZAUBER DIESES GERICHTS LIEGT IN DER KOMBINATION. EINE GABEL VON DIESEM, EINE VON JENEM. DIPPEN, LÖFFELN, MISCHEN, TEILEN … EINFACH DER WAAAHNSINN!

LIBANESISCHE HALLOUMI-EIER [V]

01 Zeit für das Hummus-Dressing: Den Hummus in eine Schüssel geben, die Zitrone halbieren, den Saft dazupressen und mit Salz und Pfeffer würzen. 1 Schuss Olivenöl dazugießen und alles gut verrühren.

02 Den Halloumi in dicke Scheiben schneiden.

03 Den Knoblauch schälen und fein hacken. Die Chilischote längs halbieren, entkernen und ebenfalls fein hacken. Den Ingwer schälen und in streichholzdünne Stifte schneiden.

04 Etwas Olivenöl in einen Topf geben und erhitzen. Knoblauch, Chili und Ingwer dazugeben und 1 Minuten anbraten. Den Grünkohl und 1 Schuss Wasser hinzufügen. Den Grünkohl braten, bis er weich ist, aber im Kern noch etwas Biss hat. Den Topf beiseitestellen.

05 Die Eier mit 1 Schuss Olivenöl in einer Schüssel verquirlen und mit Salz und Pfeffer würzen. Die Eier in eine beschichtete Bratpfanne füllen und bei mittlerer Hitze braten. Wenn die Unterseite anfängt, fest zu werden, mit einem Holzlöffel leicht durchrühren. Die Eier unter Rühren fertig garen.

06 Inzwischen die Halloumischeiben in eine Grillpfanne oder eine normale Pfanne legen und auf jeder Seite 3–4 Minuten braten.

07 Das Ciabatta in acht Scheiben schneiden und knusprig toasten.

08 Zum Servieren zwei Ciabattascheiben auf jeden Teller legen und mit etwas Olivenöl beträufeln. Das Rührei darauflöffeln. Eine großzügige Portion Grünkohl daraufgeben und mit etwas Hummus-Dressing beträufeln. Das Ganze mit ein paar schönen Scheiben gegrilltem Halloumi toppen. Von allem etwas auf eine Gabel laden und reinhauen.

DAS ULTIMATIVE KATER-SANDWICH

**FÜR 4 PERSONEN
50 MINUTEN**

Monophonics
Say You Love Me

ZUTATEN

4 rote Paprikaschoten
250 g Chorizo (im Ring)
5 EL Mayonnaise
4 kleine Ciabattabrötchen
etwa 200 g Manchego,
in Scheiben
1 Handvoll Basilikum
gesalzene Butter
Olivenöl
Salz und Pfeffer

DAS MACHT EIN BISSCHEN ARBEIT, ABER ICH VERSPRE-CHE EUCH, ES LOHNT SICH TOTAL UND SCHMECKT TAUSENDMAL BESSER ALS DAS OLLE EIER-SPECK-DING ... EIN TOTAL ABGE-FAHRENES SANDWICH!

---

01 Den Backofen auf 180 °C Umluft (200 °C Ober-/Unterhitze) vorheizen.

02 Die Paprika entkernen, in große Stücke schneiden und in eine ofenfeste Form geben. Mit etwas Olivenöl beträufeln, mit Salz und Pfeffer würzen und im heißen Ofen (Mitte) etwa 45 Minuten rösten, bis die Haut Blasen wirft und das Fruchtfleisch weich ist.

03 Inzwischen die Chorizo halbieren. Eine Hälfte in Scheiben, die andere in kleine Würfel schneiden und alles in einer Bratpfanne bei mittlerer Hitze braten, bis sie knusprig sind und das Fett ausgelassen ist. Die gewürfelte Chorizo mit 2 EL ausgelassenem Fett in eine Schüssel geben. Die Mayonnaise hinzufügen und alles gut mischen.

04 Zeit zum Sandwich-Bauen: Die Ciabattabrötchen im Ofen erwärmen. Halbieren. Die Unterseite mit etwas Chorizo-Mayo bestreichen. Darauf eine Lage Paprika verteilen, Käse und Chorizoscheiben daraufschichten. Es folgen ein paar Basilikumblätter und abschließend noch etwas Chorizo-Mayo. Die Oberseite der Ciabattabrötchen mit etwas gesalzener Butter bestreichen und daraufsetzen. Und jetzt den größtmöglichen Bissen nehmen, den euer Mund schafft.

ZUTATEN

200 g geräucherter Speck
(in Würfeln)
6 Eier
70 g geriebener Parmesan
8 Crumpets (erhältlich im Inter-
net; oder Toasties)
Pfeffer

**KLINGT SCHRÄG, ABER DAS
REZEPT IST ECHT GENIAL.
KNAUTSCHIG-WEICHE
CRUMPETS, GERÄUCHER-
TER, KNUSPRIGER BACON,
SALZIGER PARMESAN.
IDEAL FÜR EINE VERKA-
TERTE TRUPPE. UND SO
BILLIG, DASS IHR ES GLATT
ZWEIMAL MACHEN KÖNNT.**

KNAUTSCHIGE CARBONARA-CRUMPETS

01 Den Speck in eine Bratpfanne geben und bei mittlerer Hitze braten, bis er sehr knusprig ist.

02 Inzwischen die Eier in einer Schüssel mit einer Gabel verquirlen, den Parmesan dazugeben und die Eier mit reichlich schwarzem Pfeffer würzen. Sie sollen echt richtig pfeffrig sein, also fleißig mahlen. Alles gut mischen und beiseitestellen.

03 Sobald der Speck knusprig ist, die Pfanne vom Herd nehmen und die Speckwürfel herausfischen. Die Pfanne mit dem Speckfett beiseitestellen.

04 Die Speckwürfel zur Eiermischung geben und unterrühren.

05 Zeit zum Eintunken: Jeden Crumpet mindestens 30 Sekunden in die Eiermischung tauchen, sodass er eine gute Menge davon aufsaugen kann.

06 Die Crumpets mit der löchrigen Seite nach unten in die Pfanne mit dem Speckfett setzen und die überschüssigen Fettstückchen darauf verteilen. Mit einem Pfannenwender fest zusammendrücken.

07 Die Crumpets bei mittlerer Hitze auf jeder Seite 3–4 Minuten braten, bis sie goldbraun sind. Auf Teller verteilen und mit einer extra Portion Parmesan servieren. Guten Appetit!

ZUTATEN

1 kg Erbsen (TK)
70 g Pinienkerne
1 große Knoblauchzehe
80 g geriebener Parmesan
1 Handvoll gehacktes
Basilikum
1 Handvoll gehackte Minze
1 Zitrone
200 g Spinat
8 Eier
Olivenöl
Salz und Pfeffer

EIN GERICHT FÜR ALL DIE GRÜNEN MONSTER. DIE FRISCHESTE VARIANTE IN DER STADT. GRINCH-VATER DR. SEUSS WÄRE STOLZ AUF UNS.

GRÜNE GEBACKENE EIER [V]

01 Den Backofen auf 180 °C Umluft (200 °C Ober-/Unterhitze) vorheizen.

02 Die Erbsen in einem Topf mit kochendem Wasser bedecken. Bei starker Hitze kochen lassen, bis sie gar sind.

03 Die Pinienkerne in einer Pfanne ohne Fett bei mittlerer Hitze unter häufigem Rühren goldbraun rösten. Nicht verbrennen lassen! Beiseitestellen. Den Knoblauch schälen.

04 Die Erbsen vom Herd nehmen. Abgießen und die Hälfte in einen Mixer füllen. Knoblauch, Parmesan (bis auf 1 EL), zwei Drittel der gerösteten Pinienkerne, Kräuter (bis auf 1 EL) sowie Salz und Pfeffer dazugeben. 1 Schuss Olivenöl und 1 kleinen Spritzer Wasser dazugießen. Alles glatt mixen. Die Zitrone halbieren, den Saft dazupressen und alles nochmal mixen.

05 Die restlichen Erbsen vorsichtig mit einer Gabel zerdrücken und beiseitestellen.

06 Den Spinat in einem großen, ofenfesten Topf zusammenfallen lassen. Dann die zerdrückten Erbsen, die restlichen gerösteten Pinienkerne und das Erbsenpüree dazugeben. Acht Mulden in die Mischung drücken und in jede Mulde 1 aufgeschlagenes Ei füllen.

07 Das Gericht im heißen Ofen (Mitte) etwa 11 Minuten garen, bis die Eier fest geworden sind. Mit den restlichen Kräutern und dem übrigen Parmesan bestreuen und reinhauen!

BAKED BEANS MIT SPECK

**FÜR 4 PERSONEN
35 MINUTEN**

Loyle Carner
Damselfly

ZUTATEN

200 g geräucherter Speck
(in Würfeln)
1 Zwiebel
1 rote Paprikaschote
2 Knoblauchzehen
1 rote Chilischote
1 TL getrocknete Kräuter der
Provence
½ TL gemahlener
Kreuzkümmel
1 TL brauner Zucker
400 ml Bier (z. B. Corona)
2 Dosen Kidneybohnen
(à 400 g)
8 Scheiben
Weizensauerteigbrot
1 Handvoll gehacktes
Koriandergrün
Salz und Pfeffer

01 Die Speckwürfel in eine große Bratpfanne geben und bei mittlerer Hitze knusprig braten.

02 Die Zwiebel schälen und fein hacken. Die Paprika entkernen und in kleine Würfel schneiden. Den Knoblauch schälen und hacken. Die Chilischote entkernen und klein schneiden.

03 Alle Gemüsewürfel in die Bratpfanne geben, Kräuter der Provence und Kreuzkümmel hinzufügen. Alles mischen und braten, bis die Zwiebel und die Paprika weich sein. Den Zucker hinzufügen und unterrühren.

04 Nun ist es Zeit, das Bier dazuzuschütten. Alles bei starker Hitze 30 Sekunden kochen, dann die abgespülten und abgetropften Kidneybohnen hinzufügen.

05 Die Temperatur reduzieren und alles offen bei mittlerer Hitze 15 Minuten köcheln, bis der Großteil des Biers verkocht ist und die Bohnen weich sind. Die Brotscheiben im Toaster oder unter dem Backofengrill knusprig toasten.

06 Die Baked Beans mit Salz und Pfeffer würzen, das Koriandergrün dazugeben und auf dem Sauerteigbrot servieren.

DAS IST EINE NEUE DIMENSION VON BAKED BEANS. IDEAL, WENN IHR NOCH EINEN REST BIER IM KÜHLSCHRANK HABT, DER WEG MUSS. NEHMT REICHLICH KORIANDER ZUM SCHLUSS, DER BRINGT NOCHMAL RICHTIG VIEL PFIFF INS REZEPT.

2

FRESH

**FÜR 4 PERSONEN
45 MINUTEN**

Granata (prod. Phoniks)
Rest in Pedals

ZUTATEN

1 großer Butternut-Kürbis
1 rote Zwiebel
½ Knoblauchzehe
1 Zitrone
3 EL Tahin (Sesammus)
100 g Pinienkerne
200 g Grünkohl
225 g Halloumi
75 g Granatapfelkerne (gibt es
fertig ausgelöst im türkischen
Lebensmittelladen)
1 Handvoll gehackte Minze
Olivenöl
Salz und Pfeffer

**DAS IST WOHL DER
TOLLSTE SALAT, DEN IHR
ZU HAUSE JEMALS ESST.
DAS TAHINDRESSING IST
DER CLOU. DIE PINIEN-
KERNE MÜSSEN GUT
GERÖSTET SEIN.**

WELTBESTER HALLOUMI-KÜRBIS-TAHIN-SALAT [V] [★]

01 Den Backofen auf 180 °C Umluft (200 °C Ober-/Unterhitze) vorheizen.

02 Den Kürbis schälen, von Kernen und Fasern befreien und das Fruchtfleisch in Würfel schneiden. Die Zwiebel schälen und grob hacken. Beides in eine ofenfeste Bratpfanne geben. Mit Olivenöl beträufeln und mit Salz und Pfeffer würzen. Im heißen Ofen (Mitte) 30 Minuten rösten, bis das Gemüse karamellisiert und weich ist.

03 Zeit fürs Dressing: Den Knoblauch schälen und fein reiben. Die Zitrone halbieren und auspressen. Knoblauch, Zitronensaft, Tahin, je 1 große Prise Salz und Pfeffer und 1 EL Olivenöl in eine Schüssel geben. Alles mit einem kleinen Schneebesen gut verrühren. So viel warmes Wasser unterschlagen, bis das Dressing dickcremig wird. Beiseitestellen.

04 Die Pinienkerne in einer kleinen Pfanne ohne Fett anrösten, bis sie duften. Beiseitestellen. Den Grünkohl 7–8 Minuten dämpfen, bis er gar ist. Beiseitestellen. Den Halloumi in dicke Scheiben schneiden.

05 Wenn die Zwiebeln und der Kürbis weich sind, das Gemüse aus dem Ofen nehmen.

06 Eine Grillpfanne auf die heiße Herdplatte stellen (wer keine hat, nimmt eine normale Bratpfanne), 1 Schuss Olivenöl darin erhitzen und die Halloumischeiben hineinlegen. Den Käse bei starker Hitze auf jeder Seite etwa 3 Minuten braten.

07 Zeit zum Fertigstellen: Kürbis, Zwiebel, Grünkohl, Pinien- und Granatapfelkerne und Minze dazugeben. Alle Zutaten mischen. Das Tahindressing darüberträufeln und unterrühren. Den Salat auf Teller verteilen und mit den Halloumischeiben toppen. Servieren und reinhauen!

FÜR DIE SÜSSKARTOFFELN

4 Süßkartoffeln
1 Handvoll Chiliflocken
1 Zwiebel
2 Paprikaschoten
1 rote Chilischote
1 Bund Frühlingszwiebeln
2 Knoblauchzehen
80 g Cheddar
2 TL gemahlener Kreuzkümmel
2 TL Paprikapulver
1 Dose Schwarze Bohnen
(400 g)
1–2 Limetten
Olivenöl
Salz und Pfeffer

FÜR DIE GUACAMOLE

2 große Avocados
1 Handvoll gehacktes
Koriandergrün
1 Limette
1 rote Chilischote, fein gehackt
Olivenöl
Salz und Pfeffer

**VOLLE PUNKTZAHL
FÜR DIESES GERICHT!
ECHT VEGETARISCHES
SOULFOOD.**

GEFÜLLTE SÜSSKARTOFFEL MEXIKO-STYLE [V] [★]

01 Den Backofen auf 180 °C Umluft (200 °C Ober-/Unterhitze) vorheizen.

02 Die Süßkartoffeln mit Olivenöl beträufeln und mit Salz und Chiliflocken bestreuen. Im heißen Ofen etwa 50 Minuten backen, bis sie weich sind.

03 Inzwischen die Guacamole zubereiten. Das Fruchtfleisch aus den Avocados löffeln und in eine Schüssel geben. Das Koriandergrün (etwas Koriander zum Garnieren beiseite-legen), den Saft von 1 Limette, die Chilischote, etwas Salz, Pfeffer und Olivenöl dazugeben. Alles gut vermischen und zerdrücken.

04 Die Zwiebel schälen und fein hacken. Die Paprika entkernen und klein würfeln. Die Chilischote längs halbieren, entkernen und mit den Frühlingszwiebeln fein hacken, beiseitestellen. Den Knoblauch schälen und hacken. Den Cheddar reiben.

05 In einem Topf 1 Schuss Olivenöl erhitzen. Knoblauch, Kreuz-kümmel und Paprikapulver dazugeben. Wenn der Knoblauch nach 1 Minute weich ist, Paprika und Zwiebel hinzufügen. Bei mittlerer Hitze 10–15 Minuten braten, bis das Gemüse weich ist. Wenn es am Topfboden ansetzt, etwas Wasser dazugeben.

06 Wenn das Gemüse weich ist, die Schwarzen Bohnen dazu-geben. Alles gut vermischen.

07 Die Süßkartoffeln aus dem Ofen nehmen. Das Fleisch vor-sichtig herauslöffeln und die Schale beiseitelegen. Das Süß-kartoffelfleisch zum Schwarze-Bohnen-Chili geben und alles gut vermischen.

08 Zeit zum Fertigstellen. Die Süßkartoffelschalen mit dem Schwarze-Bohnen-Chili füllen. 1 großen Klecks Guacamole daraufgeben. Mit richtig viel geriebenem Cheddar toppen und mit den gehackten Frühlingszwiebeln, der gehackten roten Chili und dem restlichen Koriandergrün bestreuen. Mit etwas Limettensaft beträufeln. Guten Appetit!

ZUTATEN

500 g Hähnchenbrustfilet
1 Stück Ingwer (5 cm)
2 Hühnerbrühwürfel
2 Sternanis
1 EL Korianderkörner
1 EL Fischsauce
2 TL Zitronengraspaste
(aus dem Glas)
300 g Reisnudeln
1 rote Chilischote
1 Handvoll gehacktes
Koriandergrün

DIESE BRÜHE SCHMECKT GENIAL UND WÄRMT VON INNEN. WENN IHR EINE ERKÄLTUNG HABT, JAGT DIESE SUPPE SIE GARANTIERT ZUM TEUFEL.

PHO BO MIT HÄHNCHEN

01 Das Hähnchenbrustfilet waschen, trocken tupfen und in Würfel schneiden. Den Ingwer schälen und reiben.

02 In einem großen Topf 1 l Wasser aufkochen. Die Brühwürfel dazugeben und im Wasser auflösen. Sternanis und Korianderkörner hinzufügen. Fischsauce, Zitronengraspaste und Ingwer dazugeben. Die Hähnchenwürfel in die Brühe plumpsen lassen.

03 Alles bei mittlerer Hitze etwa 10 Minuten köcheln, bis das Hähnchenbrustfilet durchgegart ist. Herausnehmen und auf einem Schneidebrett fein zerzupfen. Die Reisnudeln in die Suppe geben und 2–3 Minuten garen.

04 Die Chilischote in schmale Ringe schneiden. Die Reisnudeln und das gezupfte Hähnchenfleisch auf vier Schüsseln verteilen. Auf jede Portion etwas Koriandergrün und ein paar Chiliringe streuen und alles mit der Suppe begießen.

05 Löffel her und reinhauen!

ZUTATEN

3 Rinder-Minutensteaks
2 rote Paprikaschoten
2 Römersalatherzen
1 Gurke
90 g Wassermelonen-
fruchtfleisch
1 Stück Ingwer (2 cm)
1 rote Chilischote
1 Handvoll Minze
2 Limetten
1½ TL Sesamöl
2 EL Fischsauce
Olivenöl
Salz und Pfeffer

**GANZ EASY ALLES ZUSAM-
MENWERFEN. DIE MINU-
TENSTEAKS SIND ECHT
GÜNSTIG. DER ZAUBER
KOMMT DURCH DAS DRES-
SING, ALSO MACHT DAS
BITTE GANZ GENAU SO WIE
BESCHRIEBEN!**

THAI-SALAT MIT MINUTENSTEAK

01 Die Minutensteaks aus dem Kühlschrank nehmen und Zimmertemperatur annehmen lassen. Auf ein Schneidebrett legen und mit Frischhaltefolie bedecken. Mit einem Nudelholz etwas flacher klopfen und auf einen Teller legen. Mit Salz, Pfeffer und Olivenö einreiben und 10 Minuten ruhen lassen.

02 Jetzt muss man nur noch Zutaten zusammenbringen. Die Paprika entkernen, in lange Streifen schneiden und in eine große Salatschüssel geben. Den Salat fein schneiden und dazugeben. Eine Gurke schälen und halbieren. Die Hälften nochmals halbieren und das wässrige Innere mit den Kernen herauslösen. Die Gurke in Stifte schneiden und in die Schüssel geben. Die Wassermelone in große, mundgerechte Stücke schneiden und ebenfalls in die Schüssel geben.

03 Den Ingwer schälen und dazureiben, die Chilischote entkernen, fein hacken und hinzufügen. Die Minze fein hacken und ebenfalls dazugeben.

04 Zeit fürs Dressing, das ist wichtig: Die Limetten halbieren und auspressen. Limettensaft, Sesamöl, Fischsauce und 2 EL Olivenöl in eine Schüssel geben. Alle Zutaten verrühren.

05 Zeit fürs Steak: Eine Grillpfanne auf die Herdplatte stellen und erhitzen. Sobald sie schön heiß ist, die Steaks nacheinander hineinlegen. Auf jeder Seite 1 Minute braten, sodass sie in der Mitte noch schön rosa sind.

06 Die Steaks herausnehmen und auf einem Teller 5 Minuten ruhen lassen. In sehr dünne Scheiben schneiden und zum Salat geben. Das Dressing darübergießen. Alles gut vermischen und den Salat servieren!

FÜR 4 PERSONEN
1 STUNDE 30 MINUTEN

Dojo Cuts
In This Moment

ZUTATEN

1 ganzes Hähnchen
1 große Handvoll helle und
dunkle Sesamsamen
6 Zucchini
1 Gurke
1 großer Salat (nach Belieben)
1 rote Chilischote
1 Handvoll gehacktes
Koriandergrün
1 Stück Ingwer (5 cm)
1 Limette
4-5 EL Sojasauce
Olivenöl
Salz und Pfeffer

**SALAT MIT SUCHTFAK-
TOR, DA KANN MAN GAR
NICHT MEHR AUFHÖREN
ZU ESSEN. DAS DRESSING
SCHMECKT ZU FAST ALLEM:
FISCH, GEMÜSE, FLEISCH.
ALSO SUPER ZU WISSEN,
WIE ES GEHT.**

ASIA-SALAT MIT ZUCCHINI & HÄHNCHEN [★]

01 Den Backofen auf 170 °C Umluft (190 °C Ober-/Unterhitze) vorheizen.

02 Das Hähnchen in einen Bräter legen. Mit Salz und Pfeffer würzen und mit Olivenöl beträufeln. Im heißen Ofen (Mitte) 1 Stunde und 20 Minuten garen.

03 In einer Pfanne ohne Fett die Sesamsamen anrösten, bis sie duften. Beiseitestellen.

04 Einen Sparschäler holen. Die Zucchini halbieren und mit dem Sparschäler in dünne Bänder schneiden.

05 Die Gurke halbieren und die Schale abziehen. Die Gurke ebenfalls in dünne Bänder schneiden. Sobald man am wässrigen Kern angelangt ist, die Gurke umdrehen und auf der anderen Seite Bänder abziehen. Den wässrigen Innenteil nicht verwenden. Die Gemüsebänder in die Salatschüssel geben.

06 Das Hähnchen aus dem Ofen holen und in Stücke teilen. Das Fleisch schnetzeln und in die Salatschüssel werfen.

07 Den Salat zerteilen und in mundgerechte Stücke hacken. Die Chilischote in feine Ringe schneiden. Sesamsamen (ein paar zum Garnieren beiseitelegen), Koriandergrün (ein bisschen zum Garnieren beiseitelegen) und Chiliringe in die Schüssel geben. Den Ingwer schälen und dazureiben. Die Limette halbieren, auspressen und den Saft dazugeben. Sojasauce und 3 EL Olivenöl hinzufügen.

08 Alle Zutaten gut miteinander vermischen. Die restlichen Sesamsamen und das restliche Koriandergrün darüberstreuen und den Salat servieren!

DER SALAT LÄSST SICH SUPER VORBEREITEN, SO EINFACH, SO KÖSTLICH. DIE KOMBI VON APFEL UND SELLERIE IST DER CLOU – ALSO UNBEDINGT BEIDES VERWENDEN!

SÜSSKARTOFFEL-QUINOA-SALAT MIT AVOCADO & FETA [V]

01 Den Backofen auf 180 °C Umluft (200 °C Ober-/Unterhitze) vorheizen.

02 Die Süßkartoffeln schälen und in Würfel schneiden. Auf ein Backblech geben und im heißen Ofen (Mitte) etwa 40 Minuten backen, bis sie weich sind.

03 Zeit für die Quinoa: Die Quinoa gut abspülen. In einen Topf geben und mit 750 ml kochendem Wasser übergießen. Das Wasser aufkochen, dann die Hitze reduzieren und die Quinoa zugedeckt 15 Minuten köcheln lassen, bis sie das Wasser aufgesogen hat. Den Herd ausschalten und die Quinoa noch 3 Minuten zugedeckt quellen lassen. Die Quinoa in ein Sieb abgießen und mit kaltem Wasser abschrecken. Gut abtropfen lassen und in eine Salatschüssel umfüllen.

04 Die Avocados halbieren, entsteinen und das Fruchtfleisch in Würfel schneiden. Die Äpfel schälen, die Kerngehäuse entfernen und die Äpfel in Würfel schneiden. Den Sellerie in Stücke schneiden. Alle Zutaten zur Quinoa geben.

05 Zeit fürs Dressing: Die Zitronen halbieren und auspressen. Zitronensaft, Dijonsenf und 5 EL Olivenöl in einen Rührbecher geben und gut vermischen.

06 Die Süßkartoffeln aus dem Ofen nehmen und zum Quinoasalat in die Schüssel geben. Den Feta dazubröckeln.

07 Das Dressing über den Salat gießen und alle Zutaten gut vermischen. Servieren und schmecken lassen!

**FÜR 4 PERSONEN
30 MINUTEN**

Fur
Not Enough

ZUTATEN

400 g fester Tofu
1 rote Chilischote
1 Stück Ingwer (5 cm)
3 EL Sojasauce
1 Dose Kokosmilch (400 g)
1 Limette
1 EL cremiges Erdnussmus
400 g Naturreis
1 Brokkoli
2 Karotten
1 Handvoll Koriandergrün
1 TL Sesamöl
1 Handvoll gehackte Erdnüsse

**EINE VEGANE TRAUM-
BOWL. DIE KNACKIGEN
ERDNÜSSE, DER GEGRILLTE
TOFU, DIE CREMIGE ERD-
NUSSSAUCE. DA BLEIBT
KEIN WUNSCH OFFEN!**

BUDDHA-BOWL MIT GRILLTOFU & ERDNUSS-SAUCE [VG]

01 Den Tofu in Streifen schneiden und in eine Schüssel geben. Die Chilischote reiben. Den Ingwer schälen und ebenfalls reiben. Den Großteil davon mit 2 EL Sojasauce und Chili zum Tofu geben. Die Hälfte der Kokosmilch dazugießen und alles gut miteinander verrühren.

02 Zeit für die Erdnusssauce: Die Limette halbieren und auspressen. Das Erdnussmus, den restlichen Ingwer, die übrige Kokosmilch, die Hälfte des Limettensafts und die Sojasauce (1 EL) in eine Schüssel geben. Alles gut verrühren. Ist die Mischung zu flüssig, noch etwas Erdnussmus unterrühren, ist sie zu fest, noch etwas Limettensaft unterrühren.

03 Den Reis mit der doppelten Menge Wasser (also 800 ml) aufkochen und zugedeckt bei kleiner Hitze köcheln lassen, bis er das Wasser aufgesogen hat.

04 Den Brokkoli in Röschen teilen und dämpfen.

05 Die Karotten in lange, dünne Streifen schneiden. Das Koriandergrün hacken.

06 Die Tofustreifen in eine Grill- oder Bratpfanne geben und auf jeder Seite bei mittlerer Hitze 2 Minuten braten.

07 Wenn der Brokkoli gar, aber noch etwas knackig ist, vom Herd nehmen. In Sesamöl schwenken.

08 Zeit zum Servieren. Eine Portion Reis in eine Schüssel geben. Auf eine Seite etwas Tofu geben, ein bisschen Sesam-Brokkoli auf der anderen Seite anrichten und ein paar Karottenstreifen danebenlegen. Die Erdnusssauce über den Tofu träufeln. Die Bowl mit Erdnüssen bestreuen und mit Koriander garnieren. Guten Appetit!

COUSCOUS-SALAT MIT LAMM-KÖFTE & TSATSIKI

01 Zwiebel und Knoblauch schälen und hacken. Mit 1 Schuss Olivenöl bei mittlerer Hitze in eine Bratpfanne geben. Die Hälfte der gehackten Petersilie und die Kreuzkümmelsamen dazugeben. Sobald die Zwiebel weich ist, die Pfanne vom Herd nehmen und die Mischung abkühlen lassen.

02 Das Lammhackfleisch in eine Schüssel geben und die gegarte Zwiebelmischung, 1 Schuss Olivenöl, etwas Salz und 1 Prise Pfeffer dazugeben. Alles gut mischen.

03 Die Hackfleischmischung zu kleinen Golfbällen formen und diese zu etwa 1 cm dicken Köfte flach drücken. Die Köfte nebeneinander auf einen Teller legen, mit Frischhaltefolie abdecken und 10–15 Minuten in den Kühlschrank stellen, damit sie fester werden.

04 Nun zum Tsatsiki: Die Gurke schälen, grob raspeln und gründlich ausdrücken. Die Zitrone halbieren und auspressen. Joghurt, Gurkenraspel, gehackte Minze (ein paar Blätter zum Garnieren beiseitelegen) und Zitronensaft in eine Schüssel geben und einen Hauch Salz hinzufügen. Alle Zutaten gut mischen.

05 Zurück zu den Köfte: Aus dem Kühlschrank nehmen und eine Grillpfanne erhitzen. Jede Köfte mit etwas Olivenöl beträufeln und in die Pfanne legen. Bei mittlerer Hitze 5–6 Minuten braten, nach der Hälfte der Zeit umdrehen. Beide Seiten sollten schön gebräunt sein. Wenn die Köfte gar sind, restliche Petersilie aufstreuen, sie sollte an den Köfte kleben bleiben.

06 Währenddessen der Couscous nach Packungsangabe zubereiten und mit einer Gabel auflockern.

07 Zeit zum Servieren: Die Brunnenkresse unter den Couscous rühren. Die Köfte und die Granatapfelkerne auf dem Couscoussalat anrichten. Mit der restlichen Minze bestreuen. Das Tsatsiki auf alle Zutaten klecksen und reinhauen!

Flamingosis
Down for the Fifth Time

ZUTATEN

400 g Wildreis
1 Bio-Limette
4 Lachsfilets
1 Stück Ingwer (5 cm)
1–2 rote Chilischoten
1 Handvoll Koriandergrün
125 ml Sojasauce

EIN SCHNELLES, LEICHTES, GESUNDES ABENDESSEN. KEIN EXTRA FETT. IDEAL NACH DEM SPORT ODER VOR DEM AUSGEHEN. GEHT TOTAL EINFACH. UND DAS DÄMPFEN SORGT DAFÜR, DASS DIE KLAMOTTEN NICHT NACH GEBRATENEM FISCH RIECHEN. CLEVER.

GEDÄMPFTER INGWER-LACHS MIT WILDREIS

01 Den Backofen auf 180 °C Umluft (200 °C Ober-/Unterhitze) vorheizen.

02 Den Wildreis mit der doppelten Menge Wasser (also 800 ml) in einem Topf aufkochen und zugedeckt bei kleiner Hitze garen, bis der Reis das gesamte Wasser aufgesogen hat.

03 Die Limette in dünne Scheiben schneiden und diese in einer ofenfesten Form oder auf einem Backblech verteilen. Die Lachsfilets auf die Limettenscheiben setzen.

04 Den Ingwer schälen und fein hacken, die Chilischote in schmale Ringe schneiden, das Koriandergrün hacken. Ingwer, Chili und die Hälfte des Koriandergrüns auf den Lachsfilets verteilen. Ein kleines Glas Wasser (125 ml) und die Sojasauce in die Form gießen.

05 Die Form rundherum dicht mit Alufolie verschließen (damit kein Dampf entweichen kann) und den Lachs im heißen Ofen (Mitte) 12 Minuten backen.

06 Den Lachs aus dem Ofen nehmen. Alufolie entfernen und den restlichen Koriander und nach Belieben 1 fein geschnittene Chilischote darüberstreuen – für alle, die es scharf mögen.

07 Den Lachs auf dem Reis anrichten und mit all den feinen Säften aus der Form begießen.

FÜR 4 PERSONEN
25 MINUTEN

Lemon Jelly
A Tune For Jack

ZUTATEN

1 großes Ciabatta
300 g Hähnchenbrustfilet
200 g Kirschtomaten
6-8 Tomaten
4 Schalotten
150 g geröstete Paprikaschoten
(aus dem Glas)
1 EL Kapern
250 g Feta
3 EL Rotweinessig
1 große Handvoll
Basilikumblätter
Olivenöl
Salz und Pfeffer

DER FETA IST DER CLOU IN DIESEM KLASSIKER, WEIL ER WÜRZE MITBRINGT. DAS PERFEKTE ESSEN FÜR EINEN SOMMERABEND, DAZU EIN PAAR GLÄSER VINO!

PANZANELLA MIT HÄHNCHEN

01 Den Backofen auf 180 °C Umluft (200 °C Ober-/Unterhitze) vorheizen.

02 Das Ciabatta in mundgerechte Stücke zupfen. Auf einem Backblech verteilen, mit 1 Schuss Olivenöl beträufeln und mit etwas Salz und Pfeffer bestreuen. Im Ofen (Mitte) etwa 10 Minuten rösten. Auf einen Teller geben und beiseitestellen.

03 Die Hähnchenbrustfilets waschen, trocken tupfen und in mundgerechte Stücke schneiden. Mit 1 Schuss Olivenöl in eine Grillpfanne geben und bei mittlerer Hitze 4–5 Minuten grillen, bis sie durchgegart sind. Mit Salz und Pfeffer würzen und in eine große Salatschüssel füllen.

04 Die Kirschtomaten vierteln und die Tomaten grob hacken. Beides in die Salatschüssel geben. Die Schalotten schälen und fein hacken. Die gerösteten Paprika in Scheiben schneiden. Schalotten, Paprika und Kapern zum Salat geben. Den Feta dazubröckeln. Die Ciabattastücke hinzufügen und Essig sowie 5 EL Olivenöl darüberträufeln.

05 Mit Salz und Pfeffer würzen und mit Basilikumblättern bestreuen. Alle Zutaten vermischen und dabei das Brot etwas zerdrücken, damit es die ganze Flüssigkeit aufsaugen kann.

06 Noch etwas Olivenöl darüberträufeln und reinhauen!

3

SPEEDY

ZUTATEN

1 Bund Minze
1 Bund Koriandergrün
1 Stück Ingwer (5 cm)
1 rote Chilischote
4 Frühlingszwiebeln
300 g Basmatireis
500 g Schweinehackfleisch
2 TL Zitronengraspaste
(aus dem Glas)
4 EL Fischsauce
2-3 Limetten
1-2 Römersalatherzen
(je nach Größe)
Olivenöl

**GESUND. LECKER. FRISCH.
ALLES IN EINEM SALAT-
BLATT. GENIAL FÜR GUTE
FREUNDE – UND FAST KEIN
ABWASCH! NOCH
WÜNSCHE OFFEN?**

SUPERFRISCHER THAI-SCHWEINE-LARB [★]

01 Die Zutaten vorbereiten. Minze und Koriandergrün bereitlegen und die Blätter mit einem Messer von den Stängeln schneiden. Blätter und Stiele getrennt voneinander fein hacken. Den Ingwer schälen und in feine Stifte schneiden. Chilischote und Frühlingszwiebeln fein schneiden.

02 Jetzt ist der Reis dran. Den Reis abspülen und mit der doppelten Menge kochendem Wasser (600 ml) in einen Topf geben. Den Reis offen kochen, bis er das Wasser aufgesogen hat.

03 In einem großen Wok oder einer großen Bratpfanne 1 Schuss Olivenöl erhitzen und das Schweinehackfleisch dazugeben. Bei starker Hitze braten und dabei mit einem Holzlöffel in kleine Stücke brechen. Das Fleisch aus dem Wok nehmen, sobald es zu bräunen beginnt. Beiseitestellen.

04 Wieder 1 Schuss Olivenöl im gleichen Wok erhitzen. Den gehackten Ingwer, die klein geschnittene Chili sowie Minze- und Korianderstängel, Frühlingszwiebeln und Zitronengraspaste dazugeben.

05 Die Basis für den Larb-Salat weiter unter Rühren braten. Sobald die Mischung am Topfboden ansetzt, Fischsauce und den Saft von 1 Limette dazugeben. Alles verrühren und das Schweinehackfleisch wieder dazugeben. Unter Rühren den Reis löffelweise unterheben. Wenn Reis und Hackfleisch gut vermischt sind, Koriander- und Minzeblätter dazugeben. Unterrühren und der Wok vom Herd nehmen.

06 Den Larb in knackigen Salatblättern servieren. Ein paar Limettenschnitze dazureichen. Guten Appetit!

ZUTATEN

1,2 kg Hähnchenstücke
(ohne Haut und Knochen)
3 Knoblauchzehen
1 rote Chilischote
4 TL getrockneter Oregano
Saft und abgeriebene Schale
von 1 Bio-Zitrone
500 g Joghurt
1 Gurke
1 Bund Minze
4–6 Tomaten
1 Eisbergsalat
4 große oder 8 kleine Pitabrote
Olivenöl
Salz und Pfeffer

**WÜRZIGES HÄHNCHEN
IN WARMEM PITA, DAZU
EINE FRISCHE TOMATEN-
SALSA UND DAS PERFEKTE
TSATSIKI ZUM KÜHLEN.
ES IST SO SIMPEL, DEN
GRIECHISCHEN KLASSI-
KER SELBST ZU MACHEN.
UND DAS ALLES FÜR RUND
10 EURO. WAAAAHNSINN!!**

GESUNDES HÄHNCHEN-GYROS [★]

01 Das Fleisch klein schneiden und in eine große Schüssel geben. Die Knoblauchzehen schälen und mit der Chilischote dazureiben. 3 TL Oregano, Zitronenschale, 3 EL Joghurt sowie Salz und Pfeffer dazugeben. Alles gut mischen und mit Frischhaltefolie abdecken. In den Kühlschrank stellen und 15 Minuten marinieren lassen.

02 Zeit für das Tsatsiki: Die Gurke schälen und auf der Vierkantreibe grob raspeln. Die Raspel gut ausdrücken. Den restlichen Joghurt in eine zweite Schüssel gießen. Die Minze fein hacken und Zitronensaft und Gurkenraspeln dazugeben. Mit Salz und Pfeffer würzen und alle Zutaten gut mischen.

03 Zeit für die Tomatensalsa: Die Tomaten entkernen und fein hacken. Die Tomatenwürfel mit restlichem Oregano (1 TL), Salz, Pfeffer und Olivenöl in eine Schüssel geben.

04 Den Salat fein hacken.

05 Eine Grillpfanne bei mittlerer Temperatur erhitzen. Wenn sie heiß ist, die Hähnchenstücke hineingeben und auf jeder Seite 3 Minuten grillen.

06 Die Pitabrote im Toaster oder in der Mikrowelle erwärmen.

07 Die Gyros zusammenbauen: Dafür Hähnchen, Salat, Salsa und Tsatsiki in die Pitabrote füllen. Und jetzt reinbeißen!!

ZUTATEN

250 g Chorizo (im Ring)
1 Knoblauchzehe
1 Prise getrocknete Chiliflocken
165 g rohe Riesengarnelen
500 g passierte Tomaten
500 g Linguine
1 Handvoll gehacktes
Basilikum
Olivenöl
Salz und Pfeffer

**DIE FRECHSTE
SURF'N'TURF-KOMBI ÜBER-
HAUPT. SALZIGE, KNUSP-
RIGE CHORIZO MIT SAFTI-
GEN, FRISCHEN GARNELEN.**

LINGUINE MIT GARNELEN, CHORIZO & BASILIKUM

01 Die Chorizo in mundgerechte Stücke schneiden. Den Knoblauch schälen und hacken. Die Chorizo in eine Bratpfanne geben und bei mittlerer Hitze knusprig braten.

02 Wenn die Chorizo knusprig ist, die Chiliflocken und die rohen Garnelen dazugeben. Die Garnelen garen, bis sie rosa sind, dann den Knoblauch dazugeben. Alles noch 30 Sekunden braten, dann die Tomaten dazugießen.

03 Die Linguine nach Packungsangabe garen.

04 Inzwischen die Sauce schön dickflüssig einkochen. Das Basilikum dazugeben (ein paar Blätter zum Garnieren beiseitelegen) und die Sauce mit Salz und Pfeffer kräftig abschmecken.

05 Die Nudeln abgießen und zur Sauce geben. Alles gut mischen und mit 1 Schuss Olivenöl und den Basilikumblättern bestreut servieren.

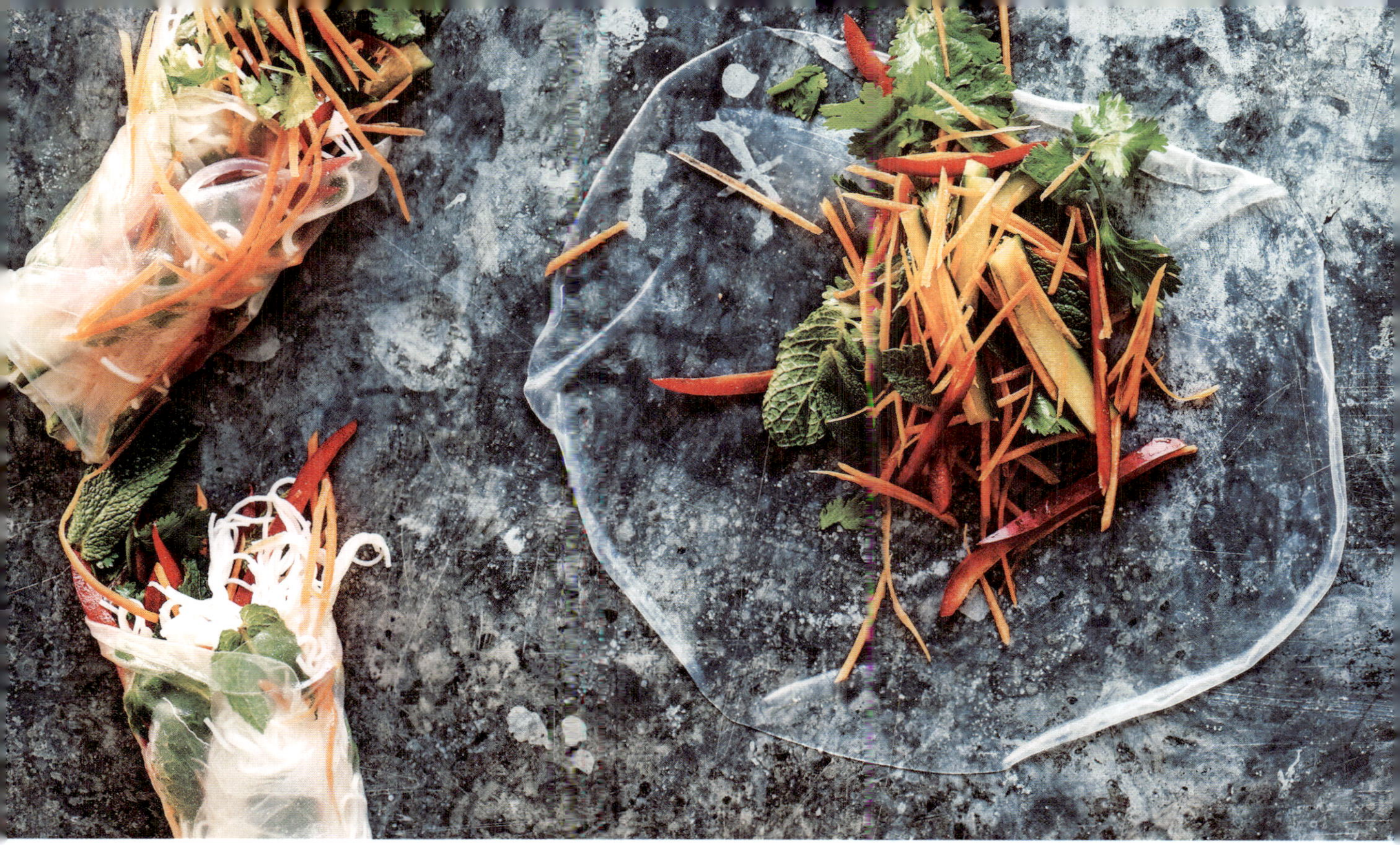

FÜR 4 PERSONEN
10 MINUTEN

Lack of Afro
The Basis

FÜR DEN DIP

2 EL stückiges Erdnussmus
1 EL Sojasauce
4 TL Fischsauce
3 TL Honig
1 Limette

RASANTE VIETNAMESISCHE SOMMERROLLEN MIT ERDNUSSDIP

01 Zuerst den Dip zubereiten. Das Erdnussmus langsam mit Sojasauce, Fischsauce, Honig und 1 EL Wasser verrühren, bis eine zähe Paste entsteht. Die Limette halbieren und auspressen. Den Saft langsam dazugeben und unterarbeiten. Die Sauce mit Sojasauce oder Honig abschmecken. Sie soll recht flüssig sein, also gegebenenfalls noch zusätzlich 1 Schuss Wasser dazugeben.

FÜR DIE SOMMERROLLEN

400 g Reisnudeln
3 Karotten
1 Gurke
2 rote Paprikaschoten
1 große Handvoll gehacktes
Koriandergrün
1 große Handvoll gehackte
Minze
2 TL Sesamöl
8 runde Reispapierblätter für
Sommerrollen

02 Die Nudeln nach Packungsangabe garen.

03 Das Gemüse vorbereiten. Karotten und Gurke schälen und in dünne Stifte schneiden. Die Paprika entkernen und in Stifte schneiden, alles in eine große Schüssel geben. Koriander, Minze und Sesamöl dazugeben. Alle Zutaten mischen.

04 Die Sommerrollenblätter nacheinander einige Sekunden in kochendes Wasser tauchen und vorsichtig wieder herausnehmen. Auf einzelne Teller legen.

05 Sobald sie weich sind, ein Blatt in die Hand nehmen und mit etwas Sesamgemüse und einigen Nudeln füllen. Aufrollen, in den Dip tauchen und reinbeißen!

> SO SCHNELL. SO EINFACH. SO FRISCH.
> EINEN DIESER KLEINEN SCHLINGEL
> IN DEN ERDNUSSDIP TUNKEN UND IM
> GESCHMACKSHIMMEL LANDEN.

The Olympians
Sirens of Jupiter

ZUTATEN

2 Maiskolben
3 Paprikaschoten (rot,
orange oder gelb)
1 Gurke
1 rote Zwiebel
160 g Räuchertofu
1 Dose Schwarze Bohnen
(400 g)
1 rote Chilischote
3 Frühlingszwiebeln
1 große Handvoll gehacktes
Koriandergrün
2 Limetten
Olivenöl

**EIN SUPERREZEPT FÜR
DEN SOMMER. DER FESTE
RÄUCHERTOFU SCHMECKT
ZUSAMMEN MIT DEM
SÄUERLICHEN DRESSING
EINFACH SAUGUT.**

VEGANER KARIBISCHER SALAT [VG]

01 Den Backofen auf 180 °C Umluft (200 °C Ober-/Unterhitze) vorheizen.

02 Die Maiskolben einzeln fest in Alufolie einwickeln, auf ein Backblech legen und im heißen Ofen 30 Minuten garen.

03 Inzwischen die Paprika entkernen und mit der Gurke in kleine Stücke schneiden und in eine große Salatschüssel geben. Die Zwiebel schälen, in Würfel schneiden und dazugeben.

04 Den Räuchertofu in mundgerechte Würfel schneiden. In die Salatschüssel geben.

05 Die Maiskolben aus dem Ofen nehmen, aus der Folie wickeln und die Körner rundherum abschneiden. Mit den Schwarzen Bohnen in die Salatschüssel geben.

06 Die Chilischote in Ringe schneiden. Die Frühlingszwiebeln hacken. Das Koriandergrün ebenfalls hacken (einen Teil zum Garnieren beiseitelegen) und alles zum Salat geben. Die Limetten halbieren und auspressen. Den Saft zum Salat geben. Alles mit etwas Olivenöl beträufeln und vermischen.

07 Den Salat mit dem beiseitegelegten Koriandergrün bestreuen und servieren!

SUPERSCHNELLE GNOCCHI MIT PESTO [V]

01 Die Pinienkerne in einer Pfanne ohne Fett ein paar Minuten rösten. Aufpassen, dass sie nicht verbrennen – unbedingt daneben stehen bleiben!

02 Minze und Basilikum grob hacken. Den Knoblauch schälen. Zusammen mit fast allen gerösteten Pinienkernen, dem Parmesan sowie Zitronensaft und -schale in den Mixer geben. 5 EL Olivenöl hinzufügen und alles zu einer glatten Paste mixen.

03 Die Gnocchi nach Packungsangabe zubereiten.

04 Sobald die Gnocchi gar sind, in ein Sieb abgießen. Gnocchi und Pesto gut mischen. Den Schnittlauch dazugeben und unterrühren. Die fertigen Gnocchi mit den restlichen Pinienkernen bestreuen

05 Und jetzt mit der Gabel rein ins Vergnügen und genüsslich schmecken lassen!

SCHNELLES, SELBST GEMACHTES PESTO UND MOLLIGE GNOCCHI SIND EIN GÜNSTIGES ABEND-ESSEN FÜR WOCHENTAGS. DIE PINIENKERNE BEIM RÖSTEN UNBEDINGT IM AUGE BEHALTEN - SIE VER-BRENNEN SEHR SCHNELL!

FIXE DANDAN-NUDELN MIT ERDNUSSBUTTER [V]

01 Einen Mixer bereitstellen. Knoblauch und Ingwer schälen, 2 Frühlingszwiebeln grob hacken. Mit Erdnussmus, Sojasauce, Agavendicksaft, Reisweinessig und Szechuan-Pfefferkörnern in den Mixer füllen. Öl und 4 EL Wasser hinzufügen und alles zu einer sehr glatten Sauce mixen.

02 Die Nudeln nach Packungsangabe garen. Die restliche Frühlingszwiebel hacken.

03 Die Nudeln abgießen, sobald sie gar sind, und in eine große Schüssel füllen. Die Erdnusssauce dazugießen und alles gut mischen.

04 Die Erdnüsse grob hacken. Die Nudeln mit den Erdnüssen und mit den Frühlingszwiebeln bestreuen. Servieren.

WAHRSCHEINLICH DIE SCHNELLSTEN UND WOHLIGSTEN NUDELN, DIE IHR JEMALS KOCHT. EIN PERFEKTES ABENDESSEN UNTER DER WOCHE.

**WEG MIT DER GEKAUFTEN
CURRYPASTE, AB HEUTE
MACHT IHR SIE SELBST!
SO VIEL FRISCHER, SO VIEL
GESÜNDER. DAS KRIEGT
IHR HIN, LEUTE!**

ROTES 10-MINUTEN-THAI-HÄHNCHENCURRY

01 Zeit für die Currypaste: Das Koriandergrün bereitlegen und die Blätter mit einem Messer von den Stängeln schneiden. Blätter und Stiele getrennt voneinander fein hacken. Schalotten, Knoblauch und Ingwer schälen. Mit Chilischoten, Paprikapulver, gehackten Korianderstängeln, Kaffirlimettenblätter und der Zitronengraspaste in einen Mixer geben und zu einer glatten Paste mixen.

02 Den Reis nach Packungsangabe zubereiten.

03 Das Hähnchen abbrausen, trocken tupfen und in Würfel schneiden. In einem Topf 1 Schuss Öl erhitzen und die gewürfelten Hähnchenstücke hineinwerfen. Wenn sie beginnen zu bräunen, die Currypaste hinzufügen. Das Fleisch mit der Paste mischen und braten, bis die Paste beginnt, am Topfboden anzusetzen.

04 Die Kokosmilch dazugießen. Die leere Dose zur Hälfte mit Wasser füllen. Das Wasser ebenfalls in den Topf schütten. Die Zuckerschoten dazugeben. Das Curry aufkochen und bei mittlerer Hitze 10 Minuten köcheln lassen.

05 Wenn das Curry schön dickflüssig und das Hähnchenfleisch durchgegart ist, den Topf vom Herd nehmen. Die beiseitegelegten Korianderblätter untermischen und das Curry auf dem heißen Reis anrichten. Guten Appetit!

PERLEN-COUSCOUS MIT GEGRILLTEM KALMAR

**FÜR 4 PERSONEN
25 MINUTEN**

The Brothers Johnson
Strawberry Letter 23

ZUTATEN

8 Kalmare (vom Fischhändler
küchenfertig vorbereitet)
3 Sardellenfilets (in Öl)
2 Knoblauchzehen
½ Bund Petersilie
½ TL getrocknete Chiliflocken
250 g Kirschtomaten
300 g grobkörniger Couscous
(z. B. Perlen-Couscous)
1½ TL Kapern
15 Kalamata-Oliven
(oder schwarze Oliven)
Zitronensaft
Olivenöl
Salz und Pfeffer

**DAS GERICHT IST SOUL-
FOOD PUR. EIN EINFACHES
UND WÄRMENDES ABEND-
ESSEN. FÜR EXTRA-AROMA
DEN KALMAR UNBEDINGT
VORHER GRILLEN!**

01 Am besten küchenfertige Kalmare kaufen. Falls es keine gibt, ist Folgendes zu tun: Zuerst die Fangarme aus dem Körper ziehen und beiseitelegen. Das transparente Fischbein aus dem Körper ziehen. Den Körper innen waschen. Die Flossen abziehen. Die Fangarme knapp unter den Augen abschneiden und das Stück oberhalb wegwerfen. Die Kauwerkzeuge aus den Fangarmen drücken und den Tintenbeutel entfernen.

02 Ein Messer in den Körper des Kalmars stecken und die Tube auf einer Seite aufschneiden. Nun hat man ein schönes, flaches Stück. Die Tube über Kreuz mehrmals einschneiden und mit Olivenöl beträufeln. Mit Salz und Pfeffer würzen.

03 Die Sardellenfilets hacken, die Knoblauchzehen schälen und hacken. Die Petersilie bereitlegen und die Blätter mit einem Messer von den Stängeln schneiden. Blätter und Stängel getrennt voneinander fein hacken. Eine Pfanne bei mittlerer Temperatur erhitzen. Sardellen, Knoblauch, 1 EL Sardellenöl (aus der Dose), Chiliflocken und die gehackten Petersilienstängel hineingeben. Wenn der Knoblauch nach 30 Sekunden beginnt, weich zu werden, die Tomaten und 3 EL Wasser hinzufügen.

04 Den Couscous in einem Topf nach Packungsangabe garen.

05 Zeit, den Kalmar zu braten: am besten in zwei Portionen. Eine Grillpfanne erhitzen und die Tuben mit der eingeschnittenen Seite nach unten hineinlegen. Kurz mit einem Pfannenwender in die Pfanne drücken und auf jeder Seite 2 Minuten braten. Die Fangarme dazuwerfen und etwa 4 Minuten garen.

06 Zurück zur Sauce: Die Kirschtomaten sollten beginnen zu zerfallen. Kapern und Oliven dazugeben. Alles mischen und, falls nötig, noch etwas Wasser dazugeben.

07 Wenn die Kalmare gar sind, herausnehmen, die großen Stücke halbieren und dann alles in die Sauce geben. Unterrühren und 50 ml Couscous-Kochwasser dazugeben. Keine Sorge, das verkocht, und übrig bleibt eine dicke, köstliche Sauce.

08 Sobald die Sauce eingedickt ist, einen Großteil der Petersilienblätter, ordentlich Pfeffer und etwas Zitronensaft dazugeben. Couscous abgießen und auf vier Schüsseln verteilen. Sauce darauflöffeln, mit übriger Petersilie bestreuen und reinhauen!

EIN KLASSIKER AUS THAILAND. SO SCHNELL. SO EINFACH. SO GUT.

HEY, VEGANER, NEHMT EINFACH TOFU STATT HÄHNCHEN UND GEMÜSEBRÜHE STATT HÜHNERBRÜHE UND FISCHSAUCE!

TOM KHA GAI

01 Den Brühwürfel in einen Messbecher geben und 750 ml heißes Wasser dazugießen. Den Brühwürfel unter Rühren im heißen Wasser auflösen.

02 Brühe und Kokosmilch in einen hohen Topf geben und bei mittlerer Hitze unter Rühren zum Kochen bringen. Sobald die Mischung kocht, die Temperatur auf schwache Hitze reduzieren.

03 Das Hähnchenbrustfilet waschen, trocken tupfen und in dünne Scheiben schneiden. Die Pilze säubern und ebenfalls in Scheiben schneiden. Den Ingwer schälen und fein reiben, die Chilischote in Ringe schneiden.

04 Zitronengraspaste, Fischsauce und Ingwer dazugeben. Alles verrühren, dann die Hähnchenfleischwürfel und die Pilze hinzufügen.

05 Die Limette halbieren, auspressen und den Saft dazugeben. Die Suppe 8–10 Minuten kochen, bis das Hähnchen durchgegart ist. Mit Salz würzen, auf Schüsseln verteilen und mit Koriandergrün und Chiliringen bestreut servieren.

ONE POT

4

HÄHNCHEN-FAJITA-PILAW

FÜR 4 PERSONEN
40 MINUTEN

Louis Berry
25 Reasons

ZUTATEN

300 g Basmatireis
3 Paprikaschoten (rot
orange oder gelb)
1 rote Zwiebel
1,2 kg Hähnchenstücke
(ohne Haut und Knochen)
1 TL Räucherpaprikapulver
1 TL gemahlener Kreuzkümmel
1 Bio-Zitrone
1 Hühnerbrühwürfel
1 Handvoll gehacktes
Koriandergrün
Pfeffer

ALL DIE HERRLICHEN
AROMEN EINER FAJITA IN
EINEM UNKOMPLIZIERTEN
ONE-POT-PILAW. SCHRITT
01 BITTE GANZ GENAU
FOLGEN, DANN GIBT'S DEN
FLUFFIGSTEN PILAW
DER WELT.

01 Den Basmatireis in einen Topf geben. Mit kaltem Wasser bedecken und 10 Minuten einweichen lassen. Nach dieser Zeit den Reis in ein Sieb gießen und gründlich abspülen, damit die Stärke entfernt wird. So bekommt man einen richtig fluffigen Pilaw. Den Reis beiseitestellen.

02 Die Paprika entkernen und in Streifen schneiden. Die Zwiebel schälen und fein hacken. Das Hähnchenfleisch waschen, trocken tupfen und in Streifen schneiden. Paprika, Zwiebel und Fleisch in eine Bratpfanne mit hohem Rand und passendem Deckel füllen und bei mittlerer Hitze anbraten. Paprikapulver und Kreuzkümmel hinzufügen. Die Zitronenschale dazureiben, alles mit Pfeffer würzen und gut mischen.

03 Den Hühnerbrühwürfel in einen Messbecher geben und 750 ml heißes Wasser dazugießen. Den Brühwürfel unter Rühren auflösen.

04 Sobald das Hähnchen gebräunt ist und die Paprikaschoten anfangen, weich zu werden, den beiseitegestellten Reis dazuschütten. Gut unterrühren. Die Hühnerbrühe dazugießen. Aufkochen, dann die Hitze reduzieren und den Pilaw bei schwacher Hitze zugedeckt 15 Minuten köcheln lassen.

05 Nach 10 Minuten in den Topf gucken und den Pilaw umrühren, damit nichts am Topfboden ansetzt.

06 Nach 15 Minuten den Herd ausstellen und den Reis zugedeckt 5 Minuten ausdampfen lassen. Dann den Deckel abnehmen und das Koriandergrün zum Pilaw geben. Die Zitrone halbieren, eine Hälfte direkt über der Pfanne auspressen, den Reis mit einer Gabel auflockern und den Pilaw servieren.

KNUSPRIGES HÄHNCHEN-CHORIZO-BLECH [★]

FÜR 4 PERSONEN
1 STUNDE 10 MINUTEN

The Four Owls
Defiant

ZUTATEN

1,2 kg Hähnchenstücke
(mit Haut, ohne Knochen)
270 g Kirschtomaten
1 große Chorizo (im Ring)
2 rote Paprikaschoten
1 großes Ciabatta
1 Prise getrocknete Chiliflocken
1 Zitrone
1 Handvoll gehacktes
Basilikum
1 Handvoll grüne Oliven
(ohne Stein)
Olivenöl
Salz und Pfeffer

01 Den Backofen auf 180 °C Umluft (200 °C Ober-/Unterhitze) vorheizen.

02 Die Hähnchenstücke mit der Haut nach oben auf einem Backblech verteilen. Die Kirschtomaten dazugeben.

03 Die äußere Haut der Chorizo abziehen und die Wurst in Stücke schneiden. Die Paprika entkernen und ebenfalls in Stücke schneiden. Beides auf dem Backblech verteilen.

04 Das Ciabatta in Stücke zupfen und ebenfalls auf dem Backblech verteilen. Die Chiliflocken dazugeben. Mit Salz und Pfeffer würzen, mit etwas Olivenöl beträufeln und das Ganze im heißen Ofen 1 Stunde backen. Nach etwa der Hälfte der Zeit alles einmal durchrühren, damit alle Zutaten mit den köstlichen Säften überzogen werden.

05 Während das Blech im Ofen ist, das Dressing zubereiten. Die Zitrone halbieren und auspressen. Zitronensaft, Basilikum und 4 EL Olivenöl in einen Rührbecher geben. Alles gut miteinander vermischen.

06 Das Blech 10 Minuten vor Ende der Garzeit aus dem Ofen nehmen und die Oliven dazugeben. Zurück in den Ofen schieben und fertig garen.

07 Wenn die Hähnchenhaut und das Ciabatta goldbraun und knusprig sind, das Blech aus dem Ofen nehmen. Mit dem Dressing beträufeln und servieren!

DAS ULTIMATIVE GERICHT VOM BLECH. DIE CRUNCHIGEN CROÛTONS, DIE KNUSPRIGE CHORIZO, DIE SALZIGE HÄHNCHENHAUT, DIE WEICHEN TOMATEN. SO GUT, DA FEHLEN EINEM FAST DIE WORTE!

ONE-POT-GEMÜSE-TAJINE [V]

FÜR 4 PERSONEN
1 STUNDE 20 MINUTEN

Island
A Place You Like

ZUTATEN

2 Auberginen

1 Butternut-Kürbis

1 rote Zwiebel

2 Knoblauchzehen

1 EL Butter

1 EL gemahlener Kreuzkümmel

1 EL gemahlener Ingwer

1 EL gemahlener Zimt

1 Dose geschälte Tomaten
(400 g)

1 Dose Kichererbsen (400 g) –
nicht abgießen!

1 Gemüsebrühwürfel

10 getrocknete Aprikosen

6 grüne Oliven (ohne Stein)

400 g Couscous

Saft und abgeriebene Schale
von 1 Bio-Zitrone

Joghurt

1 Handvoll gehacktes
Koriandergrün

Olivenöl

Salz und Pfeffer

**EIN EINFACHES REZEPT
IN EINEM SPEZIELLEN
TOPF ZUBEREITET. DIE
BESTE GEMÜSE-TAJINE! DIE
OLIVEN VERLEIHEN DEM
GERICHT EINEN BESONDE-
REN PFIFF.**

---

01 Die Auberginen in Würfel schneiden. Den Kürbis halbieren, von Kernen und Fasern befreien, schälen und würfeln.

02 Zwiebel und Knoblauch schälen und fein hacken. Die Tajine-Form (oder einen ofenfesten Stieltopf, wenn ihr keine Tajine habt) bei mittlerer Hitze auf den Herd stellen, 1 Schuss Olivenöl und die Butter darin erhitzen. Zwiebel und Knoblauch dazugeben und braten, bis sie weich sind. Kreuzkümmel, Ingwer und Zimt hinzufügen und kurz mitrösten.

03 Die Auberginen- und Kürbiswürfel dazugeben und 10 Minuten garen. Dabei ständig rühren, damit die Auberginen die ganzen Gewürze und Aromen aufnehmen können.

04 Tomaten und Kichererbsen mitsamt der Einlegeflüssigkeit dazugießen. Brühwürfel, 100 ml Wasser und Aprikosen hinzufügen. Mit Salz und Pfeffer würzen, gut durchrühren und den Deckel auflegen. Alles 1 Stunde garen, bis die Flüssigkeit dick eingekocht ist und die Auberginen weich sind. Immer wieder rühren und bei Bedarf noch etwas Wasser dazugeben.

05 Die Oliven hacken. Ein paar Minuten vor Ende der Garzeit den Couscous nach Packungsangabe zubereiten. Sobald er fertig ist, die Oliven unterarbeiten.

06 Wenn die Tajine fertig ist, Zitronensaft und -schale dazugeben und 1 Klecks Joghurt unterrühren, damit es schön cremig wird. Das Koriandergrün aufstreuen und reinhauen!

ZUTATEN

20 g getrocknete Steinpilze
1 Zwiebel
250 g braune Champignons
1 EL gesalzene Butter
400 g Orzo (reisförmige
Nudeln)
1 Hühnerbrühwürfel (oder
Gemüsebrühwürfel)
100 g geriebener Parmesan
1 Handvoll gehackte Petersilie
1 Handvoll gehackter Estragon
Salz und Pfeffer

EIN PAAR GETROCKNETE STEINPILZE BRINGEN HIER RICHTIG VIEL AROMA. DAS IST SO EIN WÄRMENDES, WOHLIGES GERICHT. ESTRAGON UND PETERSILIE SORGEN FÜR EINEN FRISCHEKICK.

MÄCHTIGER PILZ-ORZO-RISOTTO AUS EINEM TOPF [V]

01 Die getrockneten Steinpilze in 120 ml kochendem Wasser einweichen.

02 Die Zwiebel schälen und fein hacken. Die Pilze säubern und in Scheiben schneiden. Die Butter in einer großen Bratpfanne schmelzen. Die Zwiebel dazugeben und weich dünsten. Die Pilze hinzufügen und braten, bis sie leicht gebräunt sind.

03 Die Orzo-Nudeln hinzufügen und unterrühren, bis sie mit der Butter überzogen sind.

04 Den Hühnerbrühwürfel in einen Messbecher geben und 675 ml heißes Wasser dazugießen. Den Brühwürfel unter Rühren auflösen.

05 Die Hühnerbrühe und das Einweichwasser von den Steinpilzen (aber die Pilze noch nicht) dazugeben. Bei starker Hitze unter häufigem Rühren zum Kochen bringen. Die Hitze reduzieren und alles unter häufigem Rühren bei schwacher Hitze etwa 12 Minuten köcheln lassen, bis die Orzo-Nudeln zart sind und den Großteil der Flüssigkeit aufgesogen haben. Wenn die Mischung zu dick wird, bevor die Orzo fertig sind, etwas mehr Wasser dazugeben.

06 80 g Parmesan unterrühren. Die eingeweichten Steinpilze hacken und untermischen. Petersilie und Estragon dazugeben (von beidem etwas zum Garnieren beiseitelegen). Mit Salz und Pfeffer würzen.

07 Den Risotto auf große Schalen verteilen und mit den restlichen Kräutern und übrigem Parmesan (20 g) bestreuen.

ZUTATEN

1 Zwiebel
5 Salbeiblätter
1 roter Apfel
3 rohe Schweinebratwürstchen
2 Karotten
2 Pastinaken
1 großes ganzes Hähnchen
750 g neue Kartoffeln
1 TL Kräuter der Provence
125 g grüner Spargel
Olivenöl
Salz und Pfeffer

**DER KOMPLETTE
SONNTAGSBRATEN MIT
BEILAGEN - ALLES IN EINER
FORM, FÜLLUNG, RÖST-
KARTOFFELN, PERFEKTES
HÄHNCHEN. KÖSTLICHE
SAUCE ... WAS WILL
MAN MEHR?**

ONE-PAN-SONNTAGS-BRATEN

01 Den Backofen auf 180 °C Umluft (200 °C Ober-/Unterhitze) vorheizen.

02 Die Zwiebel schälen und fein würfe n. Mit 1 Schuss Olivenöl bei mittlerer Hitze in einer Bratpfanne weich dünsten. Die Salbeiblätter hacken und dazu geben, mit Salz und Pfeffer würzen. Sobald die Zwiebel weich ist, die Pfanne vom Herd nehmen und den Inhalt in eine Sch ussel geben. Den Apfel entkernen und in die Schüssel fein reiben. Das Wurstbrät aus der Pelle drücken und unterrühren. Wenn die Zutaten sich gut verbunden haben, die Füllung zu e nem Kloß formen.

03 Eine große ofenfeste Form bereitstellen. Karotten und Pastinaken in Streifen schneiden und in der Mitte der Form auslegen.

04 Die Haut vom Hähnchen am Hinterzeil anheben und die Füllung hineingeben. Das Hähnchen auf die Gemüsestreifen setzen. Die Kartoffeln auf der Form verteilen. Hähnchen und Gemüse mit Olivenöl beträufeln, mit Kräutern der Provence bestreuen, mit Salz und Pfeffer würzen und im heißen Ofen 55 Minuten backen. Falls der Teil mit der Füllung schneller bräunt als der Rest, einfach mit Alufolie abdecken.

05 Nach 55 Minuten sollte das Hähnchen fast durch sein. Die Form herausnehmen und die Kartoffeln auf eine Seite schieben. Die Spargelstangen halbieren und in die Form geben. Mit etwas Olivenöl beträufeln und mit Salz und Pfeffer würzen.

06 Die Form wieder in den Ofen stellen und das Hähnchen etwa 15 Minuten weitergaren, bis es durch ist (einen Spieß in die Haut zwischen Brust und Bein stechen, wenn der austretende Saft klar ist, ist das Hähnchen fertig).

07 Die Form herausnehmen. Karotten, Pastinaken, Kartoffeln und Spargel auf Servierschalen verteilen. Die Füllung aus dem Hähnchen holen und in eine Schüssel geben. Das Hähnchen aus der Form nehmen und in Stücke teilen.

08 Nun zur superfixen Bratensauce. Die Form bei starker Hitze auf den Herd stellen. 4-5 EL Wasser dazugeben und mit einem Holzspatel den Bratensatz vom Rand lösen. Dann 150 ml Wasser dazugießen und unter Rühren einkochen, bis man eine schöne dunkelbraune Bratensauce erhält. Die Sauce in eine Sauciere gießen.

09 Alle Köstlichkeiten gerecht verteilen und reinhauen!

FÜR 4 PERSONEN
50 MINUTEN

Theo Lawrence & The Hearts
Sticky Icky

ZUTATEN

1 große Chorizo (im Ring)
2 rote Paprikaschoten
2 orange Paprikaschoten
2 gelbe Paprikaschoten
2 Zwiebeln
3 Knoblauchzehen
1 rote Chilischote
1 Bund Koriandergrün
1 TL Paprikapulver
1 Dose Kichererbsen (400 g) –
nicht abgießen!
2 Dosen weiße Bohnen
(à 400 g) – nicht abgießen!
Olivenöl

EIN SPANISCH INSPIRIER-TER, WUNDERBAR WÄR-MENDER EINTOPF. IDEAL FÜR DIE ZEIT, WENN DIE WINTERABENDE IMMER FRÜHER BEGINNEN. ALLES GART IN EINEM TOPF, SO GIBT ES KAUM ABWASCH. VEGETARIER LASSEN DIE CHORIZO WEG UND GEBEN MEHR PAPRIKA DAZU.

ONKEL ANDYS BOHNEN-PAPRIKA-CHORIZO-EINTOPF [★]

01 Schnippelzeit! Zuerst die äußere Haut von der Chorizo abziehen. Die Chorizo halbieren und in Scheiben schneiden. Die Paprika entkernen und in Streifen schneiden. Zwiebeln und Knoblauch schälen und fein würfeln. Die Chili längs halbieren, entkernen und fein hacken. Das Koriandergrün bereitlegen und die Blätter mit einem Messer von den Stängeln schneiden. Die Stängel fein hacken und mit Knoblauch und Chili und 1 ordentlichen Schuss Olivenöl in einen heißen großen, hohen Topf geben.

02 Wenn das Gemüse weich ist, die Chorizo hinzufügen.

03 Die Hitze reduzieren, damit das Fett aus der Wurst austreten kann. Wenn die Chorizo anfängt zu bräunen, die Zwiebeln dazugeben. Etwas Kichererbsen- oder Bohnen-Sud dazugießen, damit die Mischung etwas sauciger wird.

04 Wenn die Zwiebeln gedünstet sind, die Paprika dazugeben. Währenddessen ab und zu ein paar Spritzer Sud von den Bohnen dazugeben

05 Sobald die Paprika weich sind, 1 TL Paprikapulver und die Kichererbsen mit dem Sud dazugeben. Die Kichererbsen kurz köcheln lassen, dann die Bohnen dazugeben. Alles etwa 10 Minuten köcheln

06 Drei Viertel der gehackten Korianderblätter dazugeben und den Eintopf gut durchrühren. Vom Herd nehmen.

07 Mit dem restlichen Koriandergrün bestreut servieren.

**FÜR 4 PERSONEN
40 MINUTEN**

Mayra Andrade
We Used To Call It Love

ZUTATEN

1 Zwiebel
3 Knoblauchzehen
1 Stück Ingwer (5 cm)
1 Blumenkohl
1 TL Kreuzkümmelsamen
1 TL getrocknete Chiliflocken
2 TL Garam masala (ind.
Gewürzmischung)
4 Kardamomkapseln
350 g halbierte rote Linsen
(oder ganze rote Linsen)
2 Dosen stückige Tomaten
(à 400 g)
1 Gemüsebrühwürfel
200 g Erbsen (TK)
300 g veganer Kokosjoghurt
1 Handvoll gehacktes
Koriandergrün
Olivenöl
Salz und Pfeffer

**EIN KÖSTLICHES ONE-POT-
DHANSAK MIT KÜHLENDEM
KORIANDER-KOKOSJO-
GHURT. SCHMECKT AUCH
AM NÄCHSTEN TAG KALT
ZUM MITTAGESSEN!**

INDISCHES VEGANES BLUMENKOHL-DHANSAK [VG]

01 Die Zwiebel schälen und fein würfeln. Knoblauch und Ingwer schälen und hacken. Den Blumenkohl in nicht zu kleine Röschen teilen. Zwiebel und Blumenkohlröschen mit etwas Olivenöl bei mittlerer Hitze in einen hohen Topf geben.

02 Dann Kreuzkümmelsamen, Chiliflocken, Garam masala und Kardamomkapseln hinzufügen. Alle Zutaten vermischen.

03 Sobald die Zwiebeln weich sind und der Blumenkohl anfängt, am Topfboden anzusetzen, die roten Linsen hinzufügen und gründlich mit den Gewürzen vermischen.

04 Die stückigen Tomaten dazugießen, die Dosen nicht weg-werfen. Den Gemüsebrühwürfel in die Dosen krümeln, Salz und Pfeffer dazugeben und die Dosen mit Wasser füllen. Die Mischung aus den Dosen in den Topf gießen und alle Zutaten verrühren. Zum Kochen bringen, dann die Hitze reduzieren und einen Deckel auflegen.

05 Nach 20 Minuten sollten die Linsen gar sein und der Blumen-kohl noch etwas Biss haben.

06 Den Deckel abnehmen und die gefrorenen Erbsen dazu-schütten. Unter das Dhansak rühren. Falls die Mischung etwas trocken aussieht, noch 1 Schuss Wasser dazugeben. Die Erbsen 1–2 Minuten köcheln, dann das Dhansak vom Herd nehmen und 5 Minuten abkühlen lassen.

07 Inzwischen eine kühlende, vegane Joghurtsauce zubereiten. Den veganen Kokosjoghurt und Koriander in eine Schüssel geben. Mit Salz und Pfeffer würzen und alles verrühren. Die Sauce auf das Dhansak klecksen.

08 Servieren und reinhauen!

FISCH-FENCHEL-EINTOPF

01 Den gefrorenen Kabeljau aus dem Tiefkühlfach nehmen und auftauen lassen.

02 Den Backofen auf 130 °C Umluft (200 °C Ober-/Unterhitze) vorheizen.

03 Die Zwiebel schälen und mit der Fenchelknolle in dünne Spalten schneiden (das Fenchelgrün zum Garnieren beiseitelegen). Beides auf ein Backblech geben. Mit Olivenöl beträufeln und mit Salz und Pfeffer würzen. Das Blech in den heißen Ofen stellen und das Gemüse 20 Minuten rösten.

04 Inzwischen den Knoblauch schälen und fein hacken. Die Petersilie bereitlegen und die Blätter mit einem Messer von den Stängeln schneiden. Die Stängel hacken. Die Sardellen klein schneiden.

05 Einen Topf auf mittlere Temperatur erhitzen und ein wenig Sardellenöl (aus der Dose) hineingeben. Knoblauch, Petersilienstängel, Sardellen und Chiliflocken dazugeben. Nach 40 Sekunden Wein dazugießen. Sobald der Wein eingekocht ist, die Tomaten dazugießen.

06 Die Sauce 5 Minuten einkochen lassen, dann die Kichererbsen hinzufügen. Den Eintopf mit Salz und Pfeffer würzen und weiter einkochen lassen.

07 Nach 10 Minuten sollte der Eintopf schön eingedickt sein. Den Kabeljau in schöne große Stücke schneiden und in den Topf legen. Unterrühren und etwa 5 Minuten durchgaren.

08 Die Petersilienblätter hacken. Sobald der Fisch gar und schön blättrig ist, den Großteil der Petersilie und das geröstete Gemüse unterrühren. Den Eintopf mit dem Fenchelgrün und den restlichen Petersilienblättern bestreuen.

SCHOKO-CHILI-CON-CARNE

FÜR 4 PERSONEN
40 MINUTEN

H.O.S.H.
Disc Jockey

ZUTATEN

1 Zwiebel
2 Knoblauchzehen
2 rote Paprikaschoten
1 rote Chilschote
500 g Rinderhackfleisch
2 TL Paprikapulver
2 TL gemahlener Kreuzkümmel
2 TL getrockneter Oregano
1 Dose Kidneybohnen (400 g)
1 TL Zucker
2 Dosen stückige Tomaten
(à 400 g)
400 g Basmatireis
40 g Zartbitterschokolade
1 Handvoll gehacktes
Koriandergrün
Crème fraîche
Olivenöl
Salz und Pfeffer

1 Zwiebel und Knoblauch schälen und fein würfeln. Paprika und Chilischote entkernen und fein hacken.

2 In einer großen Pfanne 1 Schuss Olivenöl bei mittlerer Temperatur erhitzen. Das Hackfleisch dazugeben und braun anbraten. Sobald es gebräunt ist, wieder herausnehmen. Das klein geschnittene Gemüse in die Pfanne geben, Paprikapulver, Kreuzkümmel und Oregano unterrühren.

3 Sobald die Zwiebeln weich sind, das Hackfleisch zurück in die Pfanne geben. Die abgetropften Kidneybohnen und den Zucker unterrühren. Die stückigen Tomaten dazuschütten. Das Chili zum Kochen bringen und zugedeckt 30 Minuten garen.

4 Inzwischen den Reis nach Packungsangabe zubereiten. Die Schokolade fein hacken.

5 Nach 30 Minuten den Deckel abnehmen. Das Chili sollte schön dick eingekocht sein. Schokolade sowie 1 große Prise Salz und Pfeffer dazugeben. Die Schokolade unterrühren. Sobald sie geschmolzen ist, den Koriander unter das Chili rühren.

6 Das Chili auf dem dampfenden, heißen Reis anrichten und mit 1 ordentlichen Klecks Crème fraîche toppen. Guten Appetit!

EIN ÜPPIGES, CREMIGES ONE-POT-SCHOKO-CHILI. FREUNDE HERBEIRUFEN, CHILI AUFSETZEN UND WARTEN, BIS DER ZAUBER GESCHIEHT!

ZUTATEN

1,2 kg Hähnchenstücke
(mit Haut, ohne Knochen)
750 g neue Kartoffeln
1 Knoblauchknolle
1 Bund Rosmarin
2 TL Za'atar (orientalische
Gewürzmischung)
500 g griechischer Joghurt
1 Gurke
1 Handvoll gehackte Minze
1 Zitrone
Olivenöl
Salz und Pfeffer

**KNAUTSCHIGE RÖSTKAR-
TOFFELN, KNUSPRIGE
HÄHNCHENHAUT, GROSSE
KLECKSE TSATSIKI - ALLES
VON EINEM BLECH.
SIMSALABIM, FERTIG!**

ZA'ATAR-HÄHNCHEN MIT NEUEN KARTOFFELN & TSATSIKI

01 Den Backofen auf 180 °C Umluft (200 °C Ober-/Unterhitze) vorheizen.

02 Die Hähnchenstücke mit der Haut nach oben auf ein Backblech legen. Die neuen Kartoffeln daneben verteilen. Die Knoblauchknolle auseinanderbrechen und die Zehen mitsamt Schale auf das Blech geben. 10–20 Rosmarinnadeln abzupfen und auf das Blech geben.

03 Dann Za'atar auf Hähnchen und Gemüse streuen. Mit Olivenöl beträufeln und mit Salz und Pfeffer würzen. Die Gewürze in die Hähnchenstücke und die Kartoffeln einmassieren, dabei darauf achten, dass das Fleisch wieder mit der Haut nach oben liegt.

04 Das Blech in den heißen Ofen stellen und Hähnchen und Kartoffeln 1 Stunde garen, dabei etwa alle 20 Minuten durchrühren, damit alles gleichmäßig gart.

05 Zeit für das Tsatsiki: Den Joghurt in eine Schüssel geben. Die Gurke raspeln und die überschüssige Flüssigkeit ausdrücken. Die Gurkenraspel in die Schüssel geben. Die Minze hinzufügen, mit Salz und Pfeffer würzen, die Zitrone halbieren und den Saft zum Tsatsiki pressen und alle Zutaten vermischen.

06 Nach 1 Stunde sollte das Hähnchen knusprig und durchgegart sein, die Kartoffeln müssten goldbraun sein. Das Blech aus dem Ofen nehmen und das Tsatsiki auf Hähnchen und Kartoffeln klecksen. Heiß servieren!

5

SPECIAL

ZUTATEN

2 Butternut-Kürbisse
3 Knoblauchzehen
400 g Spinat
7 Salbeiblätter
250 g Ricotta
80 g geriebener Parmesan
1 EL Dijonsenf
1 Kugel Mozzarella (125 g)
Lasagneblätter
Olivenöl
Salz und Pfeffer

**AAAH, DIE SCHICHTEN.
DAS ÜPPIGE KÜRBIS-RICOT-
TA-PÜREE. DER SEIDIGE
SPINAT UND DER KÄSE
OBENDRAUF. DIESE
LASAGNE LÄSST DAS
KLASSISCHE REZEPT ECHT
ALT AUSSEHEN!**

SPINAT-KÜRBIS-LASAGNE MIT RICOTTA [V] [★]

01 Den Backofen auf 130 °C Umluft (200 °C Ober-/Unterhitze) vorheizen.

02 Die Kürbisse halbieren, Kerne und Fasern entfernen. Die Hälften auf ein Backblech legen und im heißen Ofen etwa 50 Minuten backen, bis sie weich sind.

03 Zeit für die Spinatfüllung: Den Knoblauch schälen, fein hacken und mit etwas Olivenöl in eine Pfanne werfen. 30 Sekunden braten, dann den Spinat dazugeben. Wenn dieser nach 1 Minute zusammengefallen ist, die Salbeiblätter hacken und dazugeben. 125 g Ricotta und 30 g Parmesan hinzufügen. Alles mit Salz und Pfeffer würzen, vom Herd nehmen und beiseitestellen.

04 Die Kürbisse aus dem Ofen holen. Das Fruchtfleisch aus der Schale lösen. Die Hälfte in einen Mixer füllen und zerkleinern, dabei so viel Wasser hinzufügen, bis ein glattes Püree entsteht. Das restliche Fruchtfleisch in mundgerechte Stücke schneiden.

05 Das Kürbispüree in eine große Schüssel füllen, die Kürbiswürfel dazugeben, den restlichen Ricotta (125 g) sowie den Senf und etwas Salz und Pfeffer hinzufügen. Alle Zutaten mischen. Den Mozzarella in Scheiben schneiden.

06 Zeit zum Schichten! Eine große ofenfeste Form bereitstellen. Eine Schicht Kürbismischung hineingeben. Mit Lasagneblättern bedecken. Darauf eine Lage Spinat schichten, diese mit einer großzügigen Menge Parmesan bestreuen. Darauf wieder Lasagneblätter legen und mit Kürbismischung bedecken. Auf diese kommen wieder Lasagneblätter. Zum Schluss die restliche Kürbismischung und den restlichen Spinat daraufgeben. Diese Schicht mit Mozzarellascheiben belegen und mit dem restlichen Parmesan bestreuen. Mit etwas Olivenöl beträufeln und großzügig mit Pfeffer würzen. Die Lasagne im heißen Ofen etwa 45 Minuten backen, bis die Oberfläche goldbraun ist.

07 Nach 15-20 Minuten nach der Lasagne sehen – wenn sie oben zu stark bräunt, einfach mit etwas Alufolie belegen und diese 5 Minuten vor Ende der Garzeit entfernen. Guten Appetit!

**FÜR 4 PERSONEN
1 STUNDE**

Session Victim
Never Forget

ZUTATEN

750 g Hähnchenstücke
(ohne Haut und Knochen)
2 Lauchstangen
1 Zwiebel
200 g Bacon (in Scheiben)
1 Handvoll gehackter Estragon
2 EL Mehl
560 ml Milch
Dijonsenf
1 Packung Blätterteig
1 Eigelb
Olivenöl
Salz und Pfeffer

**DIE KÖNIGIN DER PIES.
ESTRAGON IST DAS
I-TÜPFELCHEN, DER SENF-
KLECKS PFLICHT. DIESE PIE
MÜSST IHR PROBIEREN!**

MORDSMÄSSIGE MOB-HÄHNCHEN-PIE [★]

01 Den Backofen auf 180 °C Umluft (200 °C Ober-/Unterhitze) vorheizen.

02 Das Hähnchenfleisch in Stücke schneiden und mit Olivenöl in einer großen Pfanne braun anbraten. Herausnehmen und beiseitestellen. Die Pfanne noch nicht säubern.

03 Den Lauch putzen, die Zwiebel schälen, beides klein schneiden. Den Bacon in Würfel schneiden.

04 Den Bacon in der Hähnchenpfanne knusprig braten. Mit 1 Schuss Wasser ablöschen, dann Lauch und Zwiebel hinzufügen und braten, bis das Gemüse weich ist. Wenn es am Pfannenboden anhaftet, 1 Schuss Wasser dazugeben.

05 Wenn der Lauch weich ist, die Hähnchenstücke wieder dazugeben und unterrühren. Den Estragon dazugeben, ebenfalls untermischen. Das Mehl darüberstreuen und unterrühren, bis das Mehl komplett aufgenommen ist.

06 Die Milch in kleinen Schlucken dazugießen und rühren, bis eine dickflüssige Pie-Füllung entstanden ist. Großzügig mit Pfeffer würzen, 1 TL Dijonsenf unterrühren und die Pfanne vom Herd nehmen.

07 Eine Pie-Form oder eine runde Auflaufform bereitstellen und die Füllung hineingeben. Mit dem Blätterteig belegen, überstehende Stücke abschneiden. Den Teig mit verquirltem Eigelb bestreichen, mit etwas Salz bestreuen und in den heißen Ofen stellen. Die Pie 30 Minuten backen, bis der Teig aufgegangen und goldbraun ist.

08 Die Pie portionieren und mit 1 großen Klecks Dijonsenf servieren. Guten Appetit!

SPAGHETTI MIT BALSAMICO-FLEISCHBÄLLCHEN

FÜR 4 PERSONEN
20 MINUTEN

Rae & Christian
Happy

ZUTATEN

400 g rohe Schweine-
bratwürstchen
2 Knoblauchzehen
1½ EL Crema di Balsamico
1 TL getrocknete Chiliflocken
200 g Kirschtomaten
400 g Spaghetti
700 g passierte Tomaten
1 Handvoll Basilikumblätter
geriebener Parmesan
Olivenöl
Salz und Pfeffer

**DIESE KLEINEN BÄLLCHEN
AUS SCHWEINEFLEISCH
GELINGEN SUPERLEICHT,
UND DIE BALSAMICO-
GLASUR VERLEIHT DEM
GANZEN DIE PERFEKTE
SÜSSE.**

01 Das Brät aus den Bratwürstchen drücken und aus jedem Würstchen drei kleine Bällchen formen. Den Knoblauch schälen und fein hacken.

02 Die Wurstbällchen mit 1 Schuss Olivenöl bei mittlerer Hitze in eine Pfanne geben. Sobald sie anfangen zu bräunen, die Crema di Balsamico dazugeben und unterrühren. Sobald die Crema anfängt zu karamellisieren, Knoblauch, Chiliflocken und die Kirschtomaten hinzufügen.

03 Die Spaghetti nach Packungsangabe zubereiten.

04 Sobald die Kirschtomaten beginnen zu zerfallen, die passierten Tomaten dazugießen und die Sauce mit reichlich Salz und Pfeffer würzen.

05 Die Sauce einkochen lassen. Sobald sie schön dickflüssig ist, die Basilikumblätter (ein paar zum Garnieren beiseitelegen) dazugeben.

06 Die Spaghetti abgießen und zur Sauce geben, gut untermischen. Das Gericht servieren, dabei aufpassen, dass jeder eine ordentliche Portion von den Balsamico-glasierten Fleischbällchen bekommt! Alles zum Schluss mit Parmesan und ein paar Basilikumblättern bestreuen.

RÄUCHER-PARMIGIANA [V]

FÜR 4 PERSONEN
1 STUNDE 30 MINUTEN

Mighty Mouse
In Front of Our Friends

ZUTATEN

4 Auberginen

3 Knoblauchzehen

3 TL getrockneter Oregano,
plus etwas mehr
zum Bestreuen

2 TL Räucherpaprikapulver

1½ TL brauner Zucker

3 Dosen stückige Tomaten
(à 400 g)

4 Kugeln Mozzarella (à 125 g)

100 g geriebener Parmesan

100 g Croûtons (Fertigprodukt)

Olivenöl

Salz und Pfeffer

KLASSIKER MIT PFIFF. DAS RÄUCHERPAPRIKAPULVER ZAUBERT DAS RÄUCHER-AROMA DER AUBERGINEN HERVOR. EINFACH GENIAL! EIN KALTES STÜCK AM NÄCHSTEN TAG SCHMECKT AUCH SUPERGUT.

01 Den Backofen auf 180 °C Umluft (200 °C Ober-/Unterhitze) vorheizen.

02 Die Auberginen in Streifen schneiden. In ein Sieb geben und mit Salz bestreuen. Die Auberginen 10 Minuten im Sieb ruhen lassen. So wird ihnen Wasser entzogen.

03 Inzwischen die Tomatensauce zubereiten. Den Knoblauch schälen, fein schneiden und mit 1 Schuss Olivenöl in einem großen Topf anschwitzen. Oregano und Räucherpaprikapulver hinzufügen.

04 Alles vermischen und nach 30 Sekunden den Zucker dazugeben. Unterrühren. Sobald er beginnt zu karamellisieren, die stückigen Tomaten dazugeben. Alle Zutaten mischen und die Sauce bei mittlerer Hitze einkochen lassen. Sie sollte ziemlich dickflüssig sein.

05 Zurück zu den Auberginen. Eine Grillpfanne erhitzen. Die Auberginenscheiben hineinlegen und auf jeder Seite 3–4 Minuten garen, bis sie ein schönes, deutliches Grillmuster haben. Alle Auberginenscheiben auf diese Weise grillen, fertige auf einem Teller beiseitestellen.

06 Sobald die Tomatensauce schön dick eingekocht ist, mit Salz und Pfeffer würzen und vom Herd nehmen.

07 Den Mozzarella in Scheiben schneiden. Eine Portion Tomatensauce in eine hohe ofenfeste Form gießen. Darauf eine Schicht Auberginen verteilen. Diese mit einer Lage Mozzarellascheiben bedecken. In dieser Reihenfolge weiterschichten, bis die Form voll ist. Mit Mozzarella abschließen und diesen mit Parmesan bestreuen. Die Croûtons zerbröseln und daraufstreuen. Noch 1 Prise Oregano darüberstreuen und die Parmigiana im heißen Ofen etwa 40 Minuten backen, bis die Croûtons knusprig goldbraun sind und der Käse Blasen wirft.

08 Das fertige Gericht aus dem Ofen nehmen. Die Parmigiana schmeckt am besten warm, nicht knallheiß, also erstmal 15 Minuten ruhen lassen. Auf Teller verteilen und reinhauen!

**IN 20 MINUTEN FERTIG,
DAS REZEPT IST MEGA.
DIE ZITRONE BRINGT EINE
GENIALE FRISCHE. EIN
PERFEKTES ABENDESSEN
UNTER DER WOCHE.**

KOKOS-FISCHCURRY AUS SÜDINDIEN

01 Die Fischfilets zum Auftauen in eine Schale legen. Von der Zitrone die Schale abreiben und den Saft auspressen. Beides auf dem aufgetauten Fisch verteilen. 1 kleine Prise Kurkuma daraufstreuen. Alles gut vermischen und zudecken.

02 Die Gewürzpaste zubereiten. Knoblauch und Ingwer schälen und mit Kurkuma, Kreuzkümmel und Korianderkörnern in einen Mixer geben und zu einer groben Paste pürieren.

03 Die Zwiebel schälen und fein hacken. Mit 1 Schuss Olivenöl in einer großen Bratpfanne anbraten, bis sie weich ist. Die Gewürzpaste dazugeben. Die Mischung in der Pfanne soll eher trocken sein – also kein weiteres Olivenöl dazugeben. Wenn die Gewürze beginnen zu rösten, die Tomaten grob raspeln, dabei die Haut entfernen, und in die Pfanne geben. Die Chilischote ebenfalls in die Pfanne raspeln und alle Zutaten mischen.

04 Den Reis nach Packungsangabe zubereiten. Die Fischfilets in mundgerechte Stücke schneiden.

05 Sobald die Flüssigkeit von den Tomaten verkocht ist, die Kokosmilch dazugießen. Alles verrühren und den Fisch dazugeben. Das Curry mit Salz würzen und den Fisch etwa 5 Minuten garen, dann sollte er perfekt sein.

06 Das Koriandergrün hacken. Wenn das Curry dick eingekocht ist, Koriandergrün reinwerfen, ein bisschen Zitronensaft dazupressen und unterrühren. Die Pfanne vom Herd nehmen.

07 Das Curry auf dem Reis anrichten und schmecken lassen.

FÜR 4 PERSONEN
50 MINUTEN

Brassroots
Good Life

FÜR DAS GEMÜSE

1 Blumenkohl
1 Aubergine
1 Süßkartoffel
2 TL Garam masala (ind.
Gewürzmischung)
2 TL Korianderkörner
Olivenöl
Salz

FÜR DIE FLADENBROTE

1 Handvoll Korianderstängel
2 Kardamomkapseln
350 g Mehl, plus mehr
zum Arbeiten
3 TL Backpulver
300 g Joghurt
1½ TL Natron
2 TL Korianderkörner

FÜR DAS RAITA

200 g Joghurt
1 Gurke
1 Handvoll Korianderblätter
1 Handvoll Minzeblätter

ZUM SERVIEREN

Mandelblättchen
Mangochutney
Koriander- und Minzeblätter
zum Bestreuen

GEMÜSECURRY-FLADENBROT-WRAPS [V]

01 Den Backofen auf 180 °C Umluft (200 °C Ober-/Unterhitze) vorheizen.

02 Blumenkohl in Röschen teilen und auf eine ofenfeste Form verteilen. Aubergine grob würfeln, die Süßkartoffel schälen und in mundgerechte Stücke schneiden. Beides dazugeben. Garam masala und Korianderkörner hinzufügen. Salzen, mit Olivenöl beträufeln und im heißen Ofen 40 Minuten backen.

03 Inzwischen die Fladenbrote zubereiten. Die Korianderstängel hacken. Die Kardamomkapseln knacken. Die Samen mit Mehl, Backpulver, Joghurt, 2 EL kaltem Wasser, 1 großen Prise Salz und Natron in eine große Schüssel geben. Die Koriander-körner und die gehackten Korianderstängel dazugeben. Alle Zutaten mit den Händen zu einem glatten Teig kneten. Teig in der Schüssel 10 Minuten ruhen lassen.

04 Die Mandelblättchen rösten und beiseitestellen.

05 Das Raita zubereiten. Den Joghurt in eine Schüssel geben. Drei Viertel der Gurke schälen, die Kerne entfernen. Die Gurke fein raspeln und die Raspel ausdrücken, um überschüssige Flüssigkeit zu entfernen. Die Gurkenraspel zum Joghurt geben. Fein gehackte Koriander- und Minzeblätter hinzu-fügen. Mit Salz würzen und alles mischen. Zugedeckt in den Kühlschrank stellen

06 Eine Bratpfanne bei hoher Temperatur erhitzen. Die Arbeits-fläche mit Mehl bestreuen und eine golfballgroße Teigmenge darauf sehr dünn ausrollen. In die Pfanne legen und auf jeder Seite 3–4 Minuten rösten. Auf diese Weise Fladenbrote backen, bis der Teig verbraucht ist.

07 Die Fladenbrote füllen. Zuerst einen großen Löffel Raita dar-aufgeben, dann einen großen Löffel geröstetes Gemüse. Mit Mandelblättchen bestreuen und mit Mangochutney toppen. Mit Kräutern bestreuen, aufrollen und reinbeißen!

EIN HOCH AUF DIE LEGENDÄRE EMMA FREUD, DIE MICH ZU DIESEM REZEPT INSPIRIERT HAT! DIE FLA-DENBROTE SIND SO SCHNELL UND LEICHT GEMACHT. EIN MORDSSPASS FÜR EIN ESSEN MIT FREUNDEN!

IN BIER GESCHMORTE SCHWEINEBAUCH-TACOS [★]

FÜR 4 PERSONEN
4 STUNDEN 20 MINUTEN

Terrence Parker
Somethin' Here (Dub Mix)

FÜR DEN SCHWEINEBAUCH

1 rote Zwiebel
2 Knoblauchzehen
500 g Schweinebauch
(in Scheiben)
2 TL gemahlener Kreuzkümmel
2 TL Räucherpaprikapulver
400 ml Bier
Olivenöl
Salz und Pfeffer

FÜR DIE SALSA

1 Mango
1 Handvoll Kirschtomaten
1 Handvoll Koriandergrün
4 Frühlingszwiebeln
1 rote Chilischote
1 Limette

FÜR DIE SCHWARZEN BOHNEN

2 Knoblauchzehen
1 Dose Schwarze Bohnen
(400 g)

ZUM SERVIEREN

8 Mini-Tortillafladen
1 Handvoll Koriandergrün
1 Limette

01 Den Backofen auf 150 °C Umluft (170 °C Ober-/Unterhitze) vorheizen.

02 Die Zwiebel schälen und vierteln. Den Knoblauch schälen. Den Schweinebauch mit den Zwiebelvierteln und den ganzen Knoblauchzehen in eine ofenfeste Form geben. Kreuzkümmel und Räucherpaprika dazugeben. Mit Salz und Pfeffer würzen. Das Bier darübergießen und so viel Wasser hinzufügen, dass das Fleisch bedeckt ist. Die Form mit Alufolie abdecken und das Fleisch im heißen Ofen 4 Stunden garen.

03 Für die Salsa die Mango entkernen, das Fruchtfleisch würfeln und in eine Schüssel geben. Kirschtomaten, Koriandergrün, Frühlingszwiebeln und Chilischote hacken. Die Limette halbieren und auspressen. Alles mit der Hälfte des Limettensafts in die Schüssel geben. Mit 1 Schuss Olivenöl beträufeln, mit Salz würzen, mischen und in den Kühlschrank stellen.

04 Nach 4 Stunden das Fleisch herausnehmen, den Ofen anlassen. Die Folie abnehmen und das Schweinefleisch mit einer Gabel klein zupfen. Im Ofen 20 Minuten weitergaren, bis der Großteil der Flüssigkeit verkocht ist und das Fleisch schön dunkel und klebrig ist.

05 Zeit für die Schwarzen Bohnen: Den Knoblauch schälen, hacken und in etwas Olivenöl anbraten. Nach 20 Sekunden die Schwarzen Bohnen dazugeben, das Einlegewasser in der Dose lassen. Die Bohnen mit dem Knoblauch mischen und zerdrücken. Das Wasser aus der Dose dazugießen und zu Mus kochen.

06 Die Mini-Tortillafladen erhitzen, 1 Klecks Schwarze-Bohnen-Mus, dann das Schweinefleisch und die Salsa daraufgeben. Mit ein paar Korianderblättern bewerfen und mit dem Limettensaft beträufeln. Das Paradies in einem Bissen!

> **DIE MANGOSALSA MISCHT DAS DEFTIGE SCHWEINEFLEISCH AUF! LEUTE, DAS MÜSST IHR PROBIEREN!**

MEGAFRISCHER SUPER-GRÜNER RISOTTO [V]

**FÜR 4 PERSONEN
45 MINUTEN**

Labi Siffre
I Got The …

ZUTATEN

1½ Hühnerbrühwürfel
1 Zwiebel
2 Knoblauchzehen
440 g Risotto-Reis
2 große Handvoll Erbsen (TK)
250 g grüner Spargel
Gemüsebrühe
gesalzene Butter
1 EL geriebener Parmesan
1 Handvoll gehackte Petersilie
1 Handvoll gehackte Minze
½ Zitrone
Parmesanspäne zum Bestreuen
Olivenöl
Salz und Pfeffer

**EIN LEICHTER, KRÄU-
TER-FRISCHER RISOTTO.
DAS IDEALE SOMMER-
ESSEN. UND DER PERFEKTE
BEGLEITER: EIN GROSSES
GLAS KALTER WEISSWEIN.**

01 Den Brühwürfel in 1,5 l heißem Wasser auflösen.

02 Die Zwiebel schälen und fein würfeln, den Knoblauch schälen und fein hacken.

03 Zwiebel und Knoblauch mit 1 Schuss Olivenöl in einen hohen Topf geben. Beides weich dünsten und den Reis hinzufügen. Gut unterrühren, bis er mit Öl benetzt ist.

04 Die Brühe nach und nach dazugießen. Sobald der Reis die Brühe aufgenommen hat, wieder etwas dazugeben. Dabei den Reis mit einem Holzlöffel umrühren, damit die Stärke austreten kann und das Ganze dick und cremig wird.

05 Nach 5 Minuten Reiskochzeit die gefrorenen Erbsen in eine Schüssel geben und mit kochendem Wasser übergießen. Den Spargel im unteren Drittel schälen, in mundgerechte Stücke schneiden und in eine andere Schüssel geben. Mit heißer Gemüsebrühe bedecken und darin ziehen lassen.

06 Zurück zum Risotto: Weiterrühren, bis der Reis fast fertig ist, im Kern aber noch etwas Biss hat. Jetzt den Spargel abgießen und zum Risotto geben. Alle Zutaten mischen, dann die Erbsen abgießen und hinzufügen. Weiterrühren und Brühe dazugießen. Ein großes Stück Butter hinzufügen und unter Rühren schmelzen lassen. Wenn die restliche Brühe aufgenommen ist, den Risotto mit Salz und Pfeffer würzen und vom Herd nehmen.

07 Parmesan, Petersilie und Minze dazugeben. Alle Zutaten mischen, den Saft von ½ Zitrone dazupressen, etwas Olivenöl darüberträufeln. Mit Parmesanspänen bestreut servieren.

Floorplan
Tell You No Lie

FÜR DIE BURGER

1 Karotte
1 Stück Ingwer (5 cm)
5 Frühlingszwiebeln
280 g fester Tofu
55 g Semmelbrösel
3 EL Teriyakisauce, plus mehr
zum Bestreichen
4 Burgerbrötchen

FÜR DIE TERIYAKI-MAYO

3 EL vegane Mayonnaise
1 EL Teriyakisauce
2 TL frisch gepresster
Limettensaft

FÜR DEN ASIA-SLAW

1 Karotte
8 Radieschen
1 Handvoll gehacktes
Koriandergrün
Saft von ½ Limette
1 TL Sesamöl

**EINFACH, FIX UND VEGAN.
DER SAULECKERE ASIA-
SLAW PASST EINFACH
PERFEKT ZU DEN BURGERN
MIT TERIYAKI-GLASUR.**

VEGANE TOFUBURGER MIT TERIYAKI-MAYO [VG]

C1 Karotte und Ingwer schälen und raspeln und mit den geputzten Frühlingszwiebeln, Tofu, Semmelbröseln und Teriyakisauce in den Mixer geben. Mixen, bis sich alle Zutaten gut vermischt haben und einen festen Kloß bilden.

C2 Aus dem Mixer nehmen und in vier gleich große Portionen teilen. Diese zu runden Patties formen und mit etwas Teriyakisauce bestreichen.

C3 Eine beschichtete Grillpfanne erhitzen. Die Patties hineinsetzen und bei mittlerer Hitze auf jeder Seite 4 Minuten braten.

C4 Während die Patties braten, die Burgerbrötchen durchschneiden und unter dem Grill toasten.

C5 Eine schnelle Teriyaki-Mayo zubereiten. Mayonnaise, Teriyakisauce und Limettensaft in eine Schüssel geben und mischen.

C6 Weiter geht's mit dem Asia-Slaw. Karotte und Radieschen in hauchdünne Scheiben hobeln. Koriander, Limettensaft und Sesamöl dazugeben und verrühren.

C7 Wenn die Patties gar sind, vom Herd nehmen und die Ränder mit etwas Teriyakisauce bestreichen.

C8 Etwas Teriyaki-Mayo auf die unteren Hälften der getoasteten Brötchen streichen. Die Patties darauflegen und den Asia-Slaw daraufhäufen. Die oberen Brötchenhälften auflegen und genüsslich reinbeißen!

UMWERFEND KNUSPRIGE SPANAKOPITA [V]

FÜR 4 PERSONEN
1 STUNDE 20 MINUTEN

Monika
Secret in the Dark
(Juan Maclean edit)

ZUTATEN

500 g Spinat
1 Zwiebel
2 Knoblauchzehen
1 kleine Handvoll Dill
200 g Feta
200 g Ricotta
4 Eier, plus 1 Eigelb
10 große Filoteigblätter
helle und dunkle Sesamsamen
Olivenöl
Salz und Pfeffer

ES WIRD EUCH UMHAUEN, WIE LEICHT DAS REZEPT GEHT! DER KNUSPRIGE FILOTEIG, DIE CREMIGE SPINATFÜLLUNG – EINFACH DER WAHNSINN!

01 Den Backofen auf 165 °C Umluft (185 °C Ober-/Unterhitze) vorheizen.

02 Zeit für die Füllung: Den Spinat in einer Bratpfanne bei mittlerer Hitze zusammenfallen lassen. In ein Sieb abgießen und die Flüssigkeit gründlich ausdrücken.

03 Die Zwiebel schälen, fein hacken, mit 1 Schuss Olivenöl in einen Topf geben und weich dünsten. Vom Herd nehmen.

04 Die gegarte Zwiebel und den Spinat in eine Schüssel geben. Die Knoblauchzehen schälen, zerdrücken und mit Dill, zerbröckeltem Feta und Ricotta hinzufügen. 4 Eier dazugeben. Mit Salz und Pfeffer würzen und alle Zutaten vermischen.

05 Zeit für den Bau der Spanakopita: Eine quadratische ofenfeste Form (25×25 cm) mit etwas Öl einfetten. Nacheinander 6 Filoteigblätter hineinlegen und jedes Teigblatt mit etwas Öl bestreichen, dann das nächste Teigblatt darauflegen. Die Seiten der Teigblätter über den Rand der Form hinausragen lassen.

06 Die Füllung hineinlöffeln und mit 4 Teigblättern belegen. Die überstehenden Teigblätter darüberfalten und leicht andrücken.

07 Die oberste Schicht mit 1 verquirlten Eigelb bestreichen und mit Sesamsamen bestreuen.

08 Die Spanakopita im heißen Ofen 1 Stunde backen, bis der Teig knusprig und goldbraun ist. Herausnehmen, in Stücke schneiden und schmecken lassen!

FAKEAWAY

6

KNUSPRIGES VEGANES AUBERGINEN-KATSU [VG]

01 Den Reis nach Packungsangabe zubereiten.

02 Den Brühwürfel in 600 ml heißem Wasser auflösen.

03 Zeit für die Katsu-Sauce: Zwiebeln, Knoblauch und Karotten schälen und fein schneiden. In einem großen Topf mit etwas Pflanzenöl braten, bis das Gemüse weich wird. Currypulver sowie Garam masala dazugeben und unterrühren. Das Mehl hinzufügen und ebenfalls unterrühren. Die vorbereitete Gemüsebrühe darübergießen.

04 Sojasauce sowie Agavendicksack hinzufügen und unterrühren. Die Mischung dicklich einkochen lassen.

05 Sobald die Sauce eingekocht ist, den Topf vom Herd nehmen. Alles in einen Mixer geben und glatt pürieren. Wer keinen Mixer hat, nimmt einen Kartoffelstampfer und stampft die Sauce so fein wie möglich. Dann durch ein Sieb gießen.

06 Zeit für die Auberginen: Die Auberginen in 2 cm dicke Scheiben schneiden und beiseitestellen.

07 Die Dose mit den Kichererbsen öffnen. Für dieses Rezept wird nur die Einlegeflüssigkeit benötigt. Diese in eine Schüssel gießen, die Kichererbsen beiseitestellen (sie werden nicht gebraucht, also anderweitig verwenden). Den Kichererbsensud kräftig schlagen, bis er weißlich und schaumig wird.

08 Einen tiefen Teller mit Mehl und einen zweiten tiefen Teller mit Semmelbröseln füllen. Die Auberginenscheiben im Mehl wenden, in die Kichererbsenflüssgkeit tauchen und anschließend in den Semmelbröseln wenden.

09 Eine Pfanne mit Pflanzenöl erhitzen. Die Auberginenscheiben portionsweise auf jeder Seite 5 Minuten backen, bis sie goldbraun und knusprig sind.

10 Die Auberginen auf einem Reisbett anrichten und mit der Katsu-Sauce beträufeln. Guten Appetit!

FÜR 4 PERSONEN
50 MINUTEN

Lee Fields
Just Can't Win

ZUTATEN

500 g Lammhackfleisch
1 TL gemahlener Kreuzkümmel
1 TL Fenchelsamen
½ TL Cayennepfeffer
1 TL getrockneter Oregano
1 Knoblauchzehe
500 g griechischer Joghurt
1 Gurke
2 Zitronen
1 rote Zwiebel
1 Handvoll gehackte Petersilie
4 große Pitabrote
Salz und Pfeffer

TSCHÜSS, KEBAB-BUDE UM DIE ECKE, DIESES REZEPT IST UNSCHLAGBAR. GESÜNDER, BESSER, BILLIGER – RAN ANS WERK, LEUTE!

DÖNER KEBAB MIT TSATSIKI & EINGELEGTEN ZWIEBELN [★]

01 Den Backofen auf 180 °C Umluft (200 °C Ober-/Unterhitze) vorheizen.

02 Das Lammhackfleisch in eine Schüssel geben. Kreuzkümmel, Fenchelsamen, Cayennepfeffer und Oregano hinzufügen. Die Knoblauchzehe dazureiben. Mit Salz und Pfeffer würzen und alles mischen.

03 Das Hackfleisch zu einer dicken Wurst formen, könnte ähnlich aussehen wie eine Aubergine. Fest in Alufolie wickeln und im heißen Ofen 30 Minuten garen.

04 Zeit fürs Tsatsiki: Den Joghurt, die geraspelte Gurke (die Raspel gut ausdrücken, um überschüssiges Wasser zu entfernen), den Saft von 1 Zitrone und Salz und Pfeffer in eine Schüssel geben und alles verrühren. Zugedeckt kühl stellen.

05 Zeit für die eingelegten Zwiebeln: Die Zwiebel schälen, in feine Ringe schneiden und in eine Schüssel geben. Den Saft von der zweiten Zitrone dazupressen und 1 Prise Salz hinzufügen. Das Salz und den Saft in die Zwiebeln drücken. Bis zum Servieren beiseitestellen, nicht kühlen. Die Säure der Zitrone nimmt der Zwiebel die Schärfe.

06 Das Lamm nach 30 Minuten aus dem Ofen nehmen und die Folie entfernen. Den Backofengrill anschalten und das Lamm darunterlegen. Auf jeder Seite 1–2 Minuten grillen, bis es schön braun geworden ist. Aufpassen, dass es nicht verbrennt!

07 Das Döner Kebab vom Grill nehmen und mit einem scharfen Messer in sehr dünne Scheiben schneiden.

08 Die eingelegte Zwiebel mit der Petersilie würzen.

09 Zeit zum Zusammenbauen! Die Pitabrote erwärmen. Etwas Tsatsiki hineinlöffeln und ein paar Fleischstreifen dazugeben. Ein paar eingelegte Zwiebeln hinzufügen, noch etwas Tsatsiki daraufklecksen und reinhauen!

FÜR 4 PERSONEN
1 STUNDE 15 MINUTEN

Poldoore
That Game You're Playing

ZUTATEN

1 ganzes Hähnchen
4 TL Räucherpaprikapulver
3 TL getrockneter Oregano
2 rote Paprikaschoten
1 rote Zwiebel
2 Bio-Zitronen
3 rote Chilischoten
3 Knoblauchzehen
1½ EL Rotweinessig
2 Lorbeerblätter
350 g Basmatireis
1 Dose Schwarze Bohnen
(400 g)
Olivenöl
Salz und Pfeffer

**HEISSER ALS IM IMBISS.
FRISCHER ALS IM IMBISS.
GESÜNDER ALS IM IMBISS.
BILLIGER ALS IM IMBISS.
ICH DENKE, EURE ENT-
SCHEIDUNG IST GEFALLEN.**

SUPERHEISSES
PIRI-PIRI-HÄHNCHEN [★]

01 Den Backofen auf 180 °C Umluft (200 °C Ober-/Unterhitze) vorheizen.

02 Das ganze Hähnchen auf ein Backblech legen und rundherum mit Olivenöl beträufeln. 2 TL Räucherpaprikapulver und 1 TL Oregano daraufstreuen. Die Gewürze einreiben. Das Hähnchen 30 Minuten in den heißen Ofen stellen.

03 Zeit für die Sauce: Die Paprika entkernen und in Stücke schneiden, die Zwiebel schälen und grob würfeln. Beides auf ein Backblech werfen. 1 Zitrone halbieren und mit der Schnittfläche nach unten auf das Blech legen. Alles mit Olivenöl beträufeln und 40 Minuten in den heißen Ofen stellen.

04 Das Hähnchen nach 30 Minuten kurz herausnehmen, mit der Garflüssigkeit vom Blech beträufeln und wieder in den Ofen stellen. Weitere 30 Minuten garen.

05 Wenn das Gemüse und die Zitronenhälften gebräunt und weich sind, aus dem Ofen nehmen. Zwiebel und Paprika in einen Mixer geben. Den Saft der gerösteten Zitrone dazupressen. Chilischoten, geriebenen geschälten Knoblauch, abgeriebene Schale und Saft der übrigen Zitrone, restlichen Oregano (3 TL) und Räucherpaprikapulver (2 TL), Rotweinessig, 1 EL Olivenöl und 1 ordentliche Prise Salz und Pfeffer hinzufügen. Alles zu einer glatten, orangefarbenen Sauce mixen.

06 Die Sauce in eine Bratpfanne gießen und die Lorbeerblätter dazugeben. Die Sauce ein paar Minuten vor sich hinköcheln lassen, damit die Lorbeerblätter ihr Aroma abgeben können.

07 Den Reis nach Packungsangabe zubereiten und die Schwarzen Bohnen erhitzen.

08 Während die Sauce vor sich hinköchelt, das Hähnchen aus dem Ofen nehmen. Mit der Garflüssigkeit beträufeln und vom Blech nehmen. Grob zerhacken.

09 Das Hähnchen auf einem Bett aus Basmatireis und Schwarzen Bohnen servieren und die Sauce darübergießen. Guten Appetit, Leute. Das ist echt vom Feinsten.

![Meatball sub sandwich on a wooden board]

MOB'S WAHNSINNS-MEATBALL-SUB [★]

FÜR 4 PERSONEN
45 MINUTEN

Fat Freddy's Drop
Ernie

ZUTATEN

120 g Weißbrot
Milch
1 Zwiebel
500 g Rinderhackfleisch
500 g Schweinehackfleisch
4 Knoblauchzehen
½ Bund gehackte Petersilie

01 Den Backofen auf 180 °C Umluft (200 °C Ober-/Unterhitze) vorheizen.

02 Als Erstes für die Frikadellen das Weißbrot entrinden und in eine Schüssel geben. Mit Milch bedecken und einweichen.

03 Die Zwiebel schälen und fein hacken, mit beiden Hackfleischsorten, 2 geriebenen geschälten Knoblauchzehen, zwei Drittel der Petersilie, 2 TL Fenchel, 3 Eigelben, 1 großzügigen Prise Salz und Pfeffer sowie dem Brot in eine Schüssel geben. Alles mit den Händen vermischen und zu 12 Bällen formen.

04 Eine Bratpfanne bei mittlerer bis starker Hitze mit 1 großen Schuss Olivenöl erwärmen. Wenn das Öl heiß ist, die Frikadellen hineingeben. Nach 3–4 Minuten wenden und unter Wenden rundherum braun braten. 15–20 Minuten im heißen Ofen durchgaren. Herausnehmen und auf einen Teller legen.

3 TL gemahlene Fenchelsamen
3 Eigelbe
500 g passierte Tomaten
1 Kugel Mozzarella (125 g)
1 großes Ciabatta
Olivenöl
Salz und Pfeffer

**VERGESST SUBWAY –
DIESES MONSTER IST DAS
WAHRE SANDWICHGLÜCK.
FENCHELSAMEN SIND DER
CLOU. DREI COOLE FRIKA-
DELLEN FÜR JEDEN!**

05 Die Pfanne auswischen und wieder auf den Herd stellen.
Übrigen Knoblauch schälen, fein hacken und 1 Minute darin
anbraten, die Tomaten und 250 ml Wasser dazugeben. Mit Salz
und Pfeffer würzen, die restliche Petersilie dazugeben. Alles
mischen und bei schwacher Hitze dicklich einköcheln lassen.

06 Die Frikadellen wieder in die Pfanne geben und in der Sauce
wenden. Bei mittlerer Hitze etwa 7 Minuten garen, dabei
regelmäßig mit der Sauce bestreichen.

07 Zeit zum Zusammenbauen: Den Mozzarella in Scheiben
schneiden. Das Ciabatta längs durchschneiden und etwas
Sauce auf die untere Hälfte löffeln. Mit den Frikadellen belegen, mit der restlichen Sauce bedecken. Auf jede Frikadelle
1 Scheibe Mozzarella legen und 1 Prise Fenchel daraufstreuen.
Das Sandwich unter dem Backofengrill etwa 7 Minuten grillen,
bis der Käse geschmolzen ist. Die obere Ciabattahälfte
mitrösten.

08 Wenn der Käse geschmolzen ist, das Sandwich herausnehmen
und auf ein Brett legen. Übrigen Fenchel auf den Käse streuen,
das bringt echt Frische. Die obere Hälfte vom Ciabatta großzügig mit Olivenöl beträufeln und auf die Frikadellen setzen. Das
Sandwich aufschneiden und genießen!

Boogie Belgique
Swing Thing

FÜR DIE FALAFEL

500 g getrocknete
Kichererbsen
1 Zwiebel
3 Knoblauchzehen
1 Handvoll Koriandergrün
1 Handvoll Petersilie
2 EL Mehl
2 TL gemahlener Kreuzkümmel
1 TL Cayennepfeffer
Salz und Pfeffer
Sonnenblumenöl

FÜR DEN SALAT

4–6 Tomaten
1 Gurke
1 Handvoll gehackte Minze
1 Handvoll gehackte Petersilie
1 Zitrone
Olivenöl

ZUM SERVIEREN

4 große Pitabrote
Hummus
eingelegte grüne Peperoni

**KNUSPRIG FRITTIERTE
FALAFEL FÜR DIE ZÜGEL-
LOSEN UNTER EUCH ODER
GEBACKENE FÜR DIE
GESUNDHEITSBEWUSSTEN.**

ULTIMATIVE FALAFEL-PITABROTE [VG] [★]

01 Die getrockneten Kichererbsen in eine Schüssel geben, mit warmem Wasser bedecken und über Nacht einweichen.

02 Den Backofen auf 180 °C Umluft (200 °C Ober-/Unterhitze) vorheizen.

03 Für die Falafel Zwiebel und Knoblauch schälen und fein würfeln. Koriander und Petersilie fein hacken. Kichererbsen, Zwiebel, Knoblauch, Koriander, Petersilie, Mehl, Kreuzkümmel und Cayennepfeffer sowie Salz und Pfeffer in den Mixer geben.

04 Die Mischung pürieren, die Konsistenz sollte eher grob sein, also nicht zu lange mixen. Drei- bis viermal 5 Sekunden müssten perfekt sein. Die Falafelmischung sollte so klebrig sein, dass sie sich zu einer Kugel formen lässt. Wenn sie zu locker ist, etwas mehr Mehl unterarbeiten.

05 Die Mischung zu etwa 20 kleinen Falafeln mit etwa 4 cm Durchmesser und 3 cm Höhe formen. Auf ein Backpapier legen und 10 Minuten im Kühlschrank fester werden lassen.

06 Zeit für den Salat: Die Tomaten klein schneiden, die Gurke schälen und klein schneiden, beides in eine Schüssel geben. Minze, Petersilie, den Saft von 1 Zitrone, Salz, Pfeffer und etwas Olivenöl dazugeben. Mischen.

07 Zeit für die Falafel! Es gibt zwei Optionen: Die erste sind gebackene Falafel – weniger knusprig, aber dafür gesünder. Ein Backblech mit Backpapier belegen und die Falafel darauf verteilen. Mit Olivenöl beträufeln, wenden und die andere Seite mit Olivenöl beträufeln. Das Öl mit den Fingern etwas einklopfen. Die Falafel im heißen Ofen 30 Minuten backen, nach 20 Minuten umdrehen.

08 Für frittierte Falafel in einer großen Bratpfanne 1,5 cm hoch Sonnenblumenöl erhitzen. Um zu prüfen, ob es heiß genug ist, etwas Falafelmischung hineingeben. Wenn das Öl Blasen wirft, ist es perfekt. Die Falafel in der Pfanne auf jeder Seite 5–6 Minuten goldbraun und knusprig frittieren. Herausnehmen und auf Küchenpapier entfetten.

09 Die Pitabrote erwärmen und eine Seite mit reichlich Hummus bestreichen. Etwas Salat einfüllen. Die Falafel in die Pitas bröckeln – 4–5 in jedes Pita quetschen. Ein paar Peperoni drauflegen und noch etwas Hummus drauflöffeln.

FÜR DIE MARINADE

2 TL Piment
½ TL gemahlener Zimt
1 Stück Ingwer (5 cm)
4 Frühlingszwiebeln
4 Knoblauchzehen
3 TL Thymianblätter
1 EL brauner Zucker
2 Scotch Bonnets
(Chilischoten)
1½ EL Pflanzenöl
1 kg Hähnchenober- und
-unterschenkel

FÜR DIE JERK-SAUCE

1 Hühnerbrühwürfel
1 Zwiebel
2 Knoblauchzehen
1 Stück Ingwer (5 cm)
1½ TL Piment
½ TL gemahlener Zimt
2 TL Thymianblätter
1 Scotch Bonnet (Chilischote)
1 TL Zucker
¾ TL Mehl
Salz

ZUM SERVIEREN

350 g Basmatireis
1 Dose Schwarze Bohnen
(400 g)

FEURIGES JERK-HÄHNCHEN MIT REIS & BOHNEN

01 In einem Mixer Piment, Zimt, den geschälten Ingwer, die geputzten Frühlingszwiebeln, den geschälten Knoblauch, Thymianblätter, Zucker, die entkernten Scotch Bonnets und das Pflanzenöl glatt pürieren.

02 Die Hähnchenteile mit der Marinade bedecken und mindestens 1 Stunde marinieren lassen. Wenn ihr Zeit habt, am besten über Nacht.

03 Kurz vor Ende der Marinierzeit den Backofen auf 180 °C Umluft (200 °C Ober-/Unterhitze) vorheizen.

04 Die marinierten Hähnchenstücke auf einem Backblech verteilen und 35–40 Minuten in den heißen Ofen stellen.

05 Inzwischen die Jerk-Sauce zubereiten. Den Brühwürfel in 500 ml heißem Wasser auflösen.

06 Zwiebel, Knoblauch und Ingwer schälen und fein hacken. Mit Piment, Zimt und Thymianblättern in einer Pfanne anschwitzen. ¼ Scotch Bonnet dazureiben. Den Zucker hinzufügen und alles vermischen. Das Mehl unterrühren. Die vorbereitete Brühe dazugießen. Alles verrühren, mit Salz würzen und einkochen lassen, bis die Sauce schön dickflüssig ist.

07 Den Reis nach Packungsangabe zubereiten und die Schwarzen Bohnen erhitzen.

08 Wenn das Hähnchen fertig ist, aus dem Ofen nehmen. Eine Grillpfanne auf dem Herd erhitzen und die Hähnchenstücke auf jeder Seite 2–3 Minuten braten, bis sie schön braun sind.

09 Das Hähnchen auf dem Reis und den Bohnen anrichten und mit der Jerk-Sauce begießen. Mit den Fingern essen. Macht euch ruhig mal dreckig!

JERK-HÄHNCHEN FÜR RUND 10 EURO UND SO EASY SELBST ZU MACHEN. BESORGT EUCH SCOTCH BONNETS – NORMALE CHILIS BRINGENS HIER NICHT!

KÜRBIS-MAC'N'CHEESE [V] [★]

FÜR 4 PERSONEN
45 MINUTEN

Ratata1
Loud Pipes

ZUTATEN

1 Butternut-Kürbis
560 ml Mi ch
1½ EL Mehl
2 TL Dijonsenf
500 g kurze Makkaroni
(oder Hörnchennudeln)
300 g Cheddar
200 g Parmesan
3 gehackte Salbeiblätter
1 Handvoll gehackte
Rosmarinnadeln
Olivenöl
Salz und Pfeffer

**DAS ALLERCREMIGSTE
MAC'N'CHEESE IM GANZEN
LAND. DER BUTTERNUT-
KÜRBIS BRINGT FEINE
SÜSSE. DAS IST EIN TOTAL
ABGEKLÄRTES M'N'C!**

01 Den Backofen auf 180 °C Umluft (200 °C Ober-/Unterhitze) vorheizen.

02 Den Kürbis schälen, entkernen und in Würfel schneiden. In eine ofenfeste Form geben, mit Olivenöl beträufeln, mit Salz und Pfeffer würzen und im heißen Ofen etwa 25 Minuten backen, bis der Kürbis weich ist, aber nicht bräunt.

03 Wenn der Kürbis fertig ist, herausnehmen. Das Fruchtfleisch aus der Schale lösen. Zwei Drittel davon in den Mixer füllen. Die Milch dazugießen und den Kürbis glatt pürieren.

04 Einen großen Topf auf die heiße Herdplatte stellen. Dann 4 EL Olivenöl und Mehl dazugeben. Kräftig rühren, bis das Öl das Mehl komplett aufgenommen hat. Nun nach und nach die Kürbis-Milch-Mischung unter Rühren dazugießen. Wenn sich die Zutaten vermischt haben, Dijonsenf unterrühren.

05 Die Makkaroni nach Packungsangabe zubereiten.

06 Zeit für den Käse: Cheddar und Parmesan fein reiben.

07 Drei Viertel der gehackten Kräuter zur Kürbissauce geben. Unterrühren. Das übrige Kürbisfruchtfleisch dazugeben.

08 Die Makkaroni abgießen und zur Kürbismischung geben. Alles verrühren. Den Käse hinzufügen, aber genügend beiseitelegen, um die Makkaroni damit zu bestreuen, bevor sie in den Ofen kommen.

09 Den Käse unterarbeiten. Sobald er geschmolzen ist, den Topf vom Herd nehmen und alles in eine ofenfeste Form umfüllen. Mit dem beiseitegelegten Käse bestreuen, übrige Kräuter darauf verteilen und mit etwas Olivenöl beträufeln.

10 Die Auflaufform 3-4 Minuten unter den Backofengrill stellen. Aber unbedingt dabeibleiben und gut aufpassen, dass der Käse nicht verbrennt!

11 Wenn der Käse schön goldbraun ist, das Gericht aus dem Ofen nehmen. Verteilen und reinhauen. Guten Appetit, Leute!

ZUTATEN

1,2 kg Hähnchenstücke
(ohne Haut und Knochen)
400 g Basmatireis
1 Zwiebel
1½ TL Garam masala (ind.
Gewürzmischung)
½ TL scharfes Chilipulver
½ TL gemahlene Kurkuma
180 g Tomatenmark
½ Limette
200 g Crème double
350 g fettarmer Joghurt
1 Handvoll Koriandergrün
Olivenöl

FÜR DIE MARINADE

2 Knoblauchzehen
1 Stück Ingwer (5 cm)
150 g fettarmer Joghurt
1½ TL Garam masala (ind.
Gewürzmischung)
½ TL gemahlene Kurkuma
½ Limette

**ÜPPIGES, SAHNIGES
HÄHNCHENCURRY, ALLES
GANZ IN RUHE SELBST
GEKOCHT. DAS WIRD EUCH
ECHT UMHAUEN!**

INDISCHES HÄHNCHENCURRY

01 Die Hähnchenstücke in 5 cm große Stücke schneiden.

02 Zeit für die Marinade. Den Knoblauch schälen und zerdrücken. Den Ingwer schälen und reiben. Beides mit dem Joghurt, Garam masala, Kurkuma und etwas Limettensaft mischen. Die Hähnchenstücke von allen Seiten mit der Sauce bedecken und zugedeckt 1 Stunde im Kühlschrank marinieren.

03 Etwas Olivenöl in einer Bratpfanne bei mittlerer Temperatur erhitzen und die Hähnchenstücke 3-4 Minuten braten, bis sie durchgegart sind.

04 Den Reis nach Packungsangabe zubereiten.

05 Inzwischen die Zwiebel schälen, fein hacken und in 3 EL Olivenöl weich dünsten

06 Dann Garam masala, scharfes Chilipulver, Kurkuma, Tomatenmark und den Saft von ½ Limette dazugeben. Crème double und Joghurt dazugeben und alles 10 Minuten dick einkochen lassen.

07 Die gegarten Hähnchenstücke dazugeben und 5 Minuten köcheln lassen. Inzwischen das Koriandergrün hacken.

08 Das Curry mit gehacktem Koriander garnieren. Mit dem gekochten Reis servieren und schmecken lassen!

BÁNH MÌ MIT ZITRONENGRAS-HONIG-INGWER-HÄHNCHEN

FÜR 4 PERSONEN
30 MINUTEN

The Moose Funk Squad
Food

FÜR DIE MARINADE

1,2 kg Hähnchenstücke
(ohne Haut und Knochen)
3 TL Zitronengraspaste
2 EL Fischsauce
1½ EL Honig
4 Knoblauchzeher
1 Stück Ingwer (5 cm)
1 Limette

01 Zuerst das Hähnchen marinieren. Die Hähnchenstücke würfeln und in eine Schüssel geben. Zitronengraspaste, Fischsauce, Honig, geriebenen geschälten Knoblauch, geriebenen Ingwer und den Saft von 1 Limette hinzufügen. Mit 1 Prise Salz würzen, alles mischen und mit Frischhaltefolie bedeckt 15 Minuten marinieren lassen.

02 Das eingelegte Gemüse zubereiten. Die Karotten schälen und in feine Stifte schneiden. Die Radieschen auch in feine Stifte schneiden. Die Gurke halbieren, entkernen und in dünne Scheiben schneiden. Das Gemüse in eine Schüssel geben, den Koriander hacken und mit Essig und 1 EL Oliven-öl hinzufügen. Alle Zutaten gut mischen und die Schüssel beiseitestellen.

FÜR DAS EINGELEGTE GEMÜSE
2 Karotten
10 Radieschen
1 Gurke
1 Handvoll Koriandergrün
1 EL Weißweinessig
Olivenöl

ZUM SERVIEREN
1 großes Baguette
Sriracha-Mayo
frisches Koriandergrün
Salz

03 Eine große Bratpfanne bei mittlerer Temperatur erhitzen. Etwas Öl hineingeben und sobald es heiß ist, die Hähnchenwürfel dazugeben. Auf jeder Seite 3–4 Minuten braten. Wenn das Hähnchen außen karamellisiert ist und innen saftig und zart, die Pfanne vom Herd nehmen.

04 Das Baguette längs durchschneiden und mit Sriracha-Mayo bestreichen. Mit eingelegtem Gemüse belegen. Dann mit dem Hähnchen beladen. Ein paar Korianderblätter und noch etwas Sriracha-Mayo daraufgeben. Das Bánh mì in Stücke schneiden und reinbeißen!

KLASSISCHES STREETFOOD AUS VIETNAM, IN 30 MINUTEN FERTIG. DIE HÄHNCHENMARINADE BRINGT SCHWUNG IN DAS GERICHT.

RINDFLEISCH-SESAM-ORANGEN-STIR-FRY

FÜR 4 PERSONEN
30 MINUTEN

Songhoy Blues
Petit Metier

ZUTATEN

400 g Rindersteak
3 EL Speisestärke, plus 1 TL für
die Sauce
Pflanzenöl
440 g Basmatireis
2 rote Paprikaschoten
1 EL Sesamöl
1 Stück Ingwer (5 cm)
3 Knoblauchzehen
Saft und abgeriebene Schale
von 1 Bio-Orange
1 rote Chilischote
3 EL Sojasauce
1 gehäufter EL flüssiger Honig
4 Frühlingszwiebeln

**DIE SPEISESTÄRKE SORGT
DAFÜR, DASS DAS FLEISCH
RICHTIG KNUSPRIG IST.
DIE RAFFINIERTE WÜRZE
BRINGT DEM GERICHT DIE
VOLLE PUNKTZAHL.**

01 Das Rindersteak in dünne Streifen schneiden und in eine Schüssel geben. Die Speisestärke dazugeben und untermischen, bis jeder Fleischstreifen damit bedeckt ist.

02 In einem Wok 2 cm hoch Öl erhitzen. Sobald es heiß ist, das Fleisch hineinschmeißen. Wenn der Wok klein ist, das Fleisch portionsweise braten. Jeder Fleischstreifen muss komplett im Öl liegen, damit alles richtig schön knusprig wird.

03 Wenn das Fleisch braun und knusprig ist, den Wok vom Herd nehmen und die Fleischstreifen auf Küchenpapier entfetten. Dann beiseitestellen.

04 Zeit für den Reis: Den Basmatireis mit der doppelten Menge Wasser (880 ml) in einen Topf geben und garen, bis der Reis das gesamte Wasser aufgenommen hat. So erhält man fluffigen, perfekt gekochten Reis.

05 Inzwischen den Wok auswischen und wieder auf den Herd stellen. Die Paprika entkernen und in Streifen schneiden. Sesamöl darin erhitzen, Paprikastreifen dazugeben und 3–4 Minuten weich dünsten. Den geschälten, geriebenen Ingwer, den geschälten Knoblauch, den Orangensaft und die klein geschnittene rote Chilischote dazugeben.

06 Alles 3 Minuten garen, dann das Rindfleisch unterrühren. Sojasauce, die abgeriebene Orangenschale und den Honig in den Wok geben und unterrühren. 1 kleines Glas angerührte Speisestärke dazugeben (1 gehäuften TL Speisestärke in einem kleinen Glas Wasser auflösen).

07 Alles gut mischen. Die Frühlingszwiebeln putzen, hacken, dazugeben und 1 Minute mitgaren. Wok vom Herd nehmen.

08 Das Rindfleisch auf dem Basmatireis anrichten und servieren.

REGISTER

DANKE SCHÖN

Als Erstes möchte ich dem MOB danken. Ohne eure Beteiligung wäre nichts von alledem möglich. Dieses Buch ist für euch.

Als Nächstes möchte ich dem Chef-Videofilmer von *MOB Kitchen* und meinem besten Freund Rupert Swan danken, ohne den nichts von alledem passiert wäre.

Ich danke Mum und Dad für ihre standhafte Unterstützung und meinen Brüdern Joe und Sam für andauernde Hilfe und Ratschläge. Und all meinen besten Freunden, die rund um die Uhr auf Abruf waren, seit die *MOB Kitchen* startete. Ihr wisst, wer gemeint ist!

Viele Grüße an mein Designteam OMSE. James und Briton, die talentiertesten Designer in England.

Mit Blick auf das Buch danke ich meinem überragenden Team – Liz und Max Haarala Hamilton für die Fotos, Charlie Phillips für die besten Requisiten und Alex Gray für das frischeste Foodstyling. Ich möchte allen bei Pavilion danken, dazu gehören Laura Russell und Helen Lewis, die das Fototeam zusammengebracht haben, und Stephanie Milner, Polly Powell und Katie Cowan, die MOB unterstützt und ermöglicht haben. Ich danke meiner tollen Agentin Cara Armstrong bei der HHB Agency dafür, dass sie ein Fels in der Brandung war. Heather Holden-Brown danke ich für ihren unbezahlbaren Rat!